세상을 바꾸는
50가지
작은 혁명

Original title: Il Manuale delle 50 (piccole) rivoluzioni per cambiare il mondo
by Pierdomenico Baccalario and Federico Taddia.
Illustrations by AntonGionata Ferrari.
First published in 2018 by Editrice Il Castoro, viale Andrea Drioa 7,
20124 Milano(Italia) www.castoro-on-line.it
Graphic layout: David Canesi / PEPE nymi-Art director: Stefano Rossetti
All rights reserved.
No part of this book may be used or reproduced in any manner whatever without
written permission, except in the case of brief quotations embodied in critical articles or reviews.
Korean Translation Copyright © 2019 by Thunderbird Publishing House
Published by arrangement with Editrice Il Castoro,
through BC Agency, Seoul.

이 책의 한국어판 저작권은 BC 에이전시를 통한 저작권자와의 독점 계약으로
썬더버드에 있습니다. 신 저작권법에 의해 한국 내에서 보호를 받는 저작물이므로
무단전재와 무단복제를 금합니다.

세상을 바꾸는 50가지 작은 혁명

글쓴이 • 피에르도메니코 바칼라리오
페데리코 타디아
그린이 • 안톤지오나타 페라리
옮긴이 • 김현주

썬더키즈
thunder kids

혁명가 신분증

네 사진을 붙여!

세상을 바꾸는 혁명가 .... 의 책입니다.

혁명가 이름: ....

혁명 모둠명: ....

이 책을 발견하신 분은 아래 전화번호로 연락해 주세요.

전화번호: ....

대표 혁명: ....

나의 신조: ....

나는

.... 년 .... 월 .... 일

혁명을 일으키기 위한

미션을 시작했습니다.

나는

.... 년 .... 월 .... 일

혁명을 모두 마쳤습니다.

혁명을 일으키는 방법
지침을 따를 것!

이 책은 혁명을 일으키는 방법을 알려주는 지침서야. 혁명을 이야기하면서 방법을 이야기하다니 좀 이상하다 싶을지도 모르겠어. 하지만 혁명에도 방법이 있어. 혁명은 이전의 관습이나 제도, 방식을 단번에 깨트리는 일이야. 프랑스 혁명처럼 폭력적인 방법을 쓰는 경우도 있긴 해. 하지만 사람들의 생활방식을 크게 바꾸는 일도 혁명이야. 손으로 밭일을 해야 했던 시대에서 소가 이끄는 쟁기를 발명한 것도 혁명이었고, 기계가 발명되기 전 시대에 살던 사람들에게는 증기 기관이나 가솔린 엔진을 발명한 것도 혁명이었지. 누군가가 보고 싶으면 그 사람의 집으로 직접 찾아가야 했던 예전에 비하면 인터넷의 발명도 혁명이야. 이 책은 이런 혁명을 일으킬 수 있는 방법을 알려줄 거야. 너는 이제부터 네가 하고 있는 일과 해야 하는 일, 더 잘 할 수 있는 일이 무엇인지 체크해 보고, 어떤 혁명을 일으킬지 선택할 수 있어. 그러기 위해서는 언제든 지침을 행동으로 옮길 준비를 해야 할 거야.

1) 변화하기: 이 책에 담긴 50가지 작은 혁명을 실천하려면 다른 사람들과 다른 일을 하거나, 같은 일을 하더라도 다르게 해야 해. 달라진 자신을 느낄 수 있도록 변화해 봐.

2) 불평하지 않기: 항상 불평을 하는 사람은 아무도 좋아하지 않아. 불평하는 사람이 혁명을 바란다고는 보기 어렵지. 그러니 볼멘소리나 징징거리기는 그만 둬. 어떻게 해야 할지 모르겠다고 낙담하지 말고 웃어 봐. 도저히 웃을 마음이 들지 않는다면 결단력 있는 표정이라도 지어 봐.

3) **협조자 만들기**: 혁명은 한 사람으로부터 시작될 수도 있지만, 혼자만의 혁명은 그다지 효과가 크지 않을 수 있어. 어린 소년이든 어른이든, 곁에 있는 사람과 함께해 봐. 그리고 어떤 결과가 나타나는지 지켜봐. 네가 사람들과 다른 방식으로 생각하기 시작하면 다른 사람들도 너처럼 생각하기 시작할 거야. 너와 함께 혁명을 일으킬 친구와 모둠을 만드는 것도 재밌을 거야. 모둠에 어떤 이름이 어울릴지 미리 생각해 두자.

4) **장애물에 대비하기**: 혁명을 시작하면 사람들이 놀리거나 방해하는 사람이 생길지도 몰라. 그렇다고 걱정할 필요는 없어. 그 사람들은 사실 네 생각에 놀라서 그러는 걸 거야. 네가 동요하지  않고 조용히 혁명을 계속하다 보면 적이었던 사람들이 어느 순간 너와 같이 모둠으로 활동하고 싶어하는 날이 올 거야. 역사적으로 매우 위대한 혁명가들도 그런 때가 있었어.

 5) **행동하기**: 그 어떤 혁명도 저절로 이루어지지 않아. 직접 손발을 써 움직여야 해. 그리고 무장해야 하지. 결심을 굳히는 게 바로 무장이야.

혁명가 신분증 만들기

혁명가가 되기로 결심했으면 그 누구에게도 마음에 들지 않는 일을 하거나 불쾌한 모습을 보이지 않도록 해. 위태로운 모습을 보이는 건 더더욱 안 돼. '이제부터 나는 나쁜 사람이 될 거야!'라고 생각해. 너와 함께 변하기를 바라지 않는 사람에게는 나쁜 사람이 될 테니까 말이야. 사실 이 세상에는 착한 사람과 나쁜 사람이 따로 존재하지 않아. 불평만 하며 아무것도 하지 않는 사람과 불평할 시간에 무언가를 하는 사람이 존재할 뿐이지.

이제 혁명가 신분증을 만들 차례야. 네가 일으킬 혁명을 적고, 다른 사람들을 혁명에 함께하게 만들 문구를 담을 신분증을 만드는 거야.

네가 책을 열어 신분증에 글을 쓴 순간부터 넌 혁명가가 된 거야.

혁명가가 지켜야 할 일곱 가지 필수 규칙

1) 협조자 찾기: 한 명이라도 좋으니 혁명을 함께할 모둠의 첫 번째 회원을 모집해 봐.

2) 효율적으로 시간 활용하기: 시간은 누구에게나 공평하게 주어져. 시간을 돈이라고 생각해 봐. 세금도 붙지 않고, 이자도 붙지 않고, 상속도 안 되는 돈이야. 반환도 안 돼. 그러니 잘 사용해야겠지?

3) 인내심 갖기: 잠시 한숨 돌리고 다시 시작하는 법도 익혀야 해. 혁명이 언제나 금방 성공하지는 않기 때문이야. 인내심을 가져야 해. 때로는 다시 해 보기도 해야 해.

4) 질문하는 법 배우기: 사람들이 너에게 무슨 일을 시킬 때마다 왜 해야 하는지 물어봐. 궁금할 때는 물론이고 이해가 되지 않을 때도 물어봐. 모르는 것이 있을 때도 물어보지만 버림을 받거나 배신을 당했을 때도 왜 그러는지 물어봐. 질문은 활용만 잘 하면 어떤 문이든 다 열 수 있는 만능열쇠가 되기도 해.

5) 규칙에 따르기: 혁명이 무슨 일이든 순순히 따르지 말라는 뜻은 아니야. 내가 무엇을 하는지 알고 행동하라는 뜻이야. 누군가가 나에게 명령하는 것들 중 정당한 것과 그릇된 것을 구분해 행동하라는 뜻이지. 그러다 보면 어떤 게 명령이고 어떤 게 명령이 아닌지도 구분할 수 있게 될 거야. 예를 들어 사람들이 모두 멋진 배낭을 메고 학교에 가야 한다고 말한다면, 이건 꼭 배낭을 메라는 명령이라기보다는 유행이 그렇다는 말이야. 좀 어리석은 생각 같기는 하지?

6) 남 탓하지 않기: 어떤 일이 일어났을 때 반드시 누군가에게 책임이 있는 건 아니야. 너는 그저 스스로 행동을 조절하고, 네가 하는 일에 책임을 지는 법만 배우면 돼.

7) 다른 사람 살피기: 아마 넌 사람들에게 네가 세상에 단 하나뿐인 중요한 사람이라는 말을 수천 번도 넘게 들었을 거야. 하지만 독특하고 남다르다고 해서 특권을 가진 건 아니야. 정말 특별한 사람은 다른 사람을 생각할 줄 아는 사람이거든.

중요한 일을 하고 싶다면 그 일이 다른 사람에게도 중요해지게 만들어야 해.

필수 장비 준비하기

주머니가 있는 재킷이나 바지: 주머니가 있는 옷은 여러 물건을 넣을 수 있어 편리해. 주머니가 많을수록 더 좋아. 다만 주머니에 구멍이 나 있으면 안 되겠지?

달력: 혁명을 제대로 계획하려면 침대에 누웠을 때 잘 보이는 위치에 달력을 하나 걸어 두면 좋아. 혁명이 완성되기까지 어느 정도 시간이 걸리는 경우도 많고, 때로는 여러 번 반복해야 하는 경우도 있으니, 달력에 기록해 두는 것만큼 기억하기 좋은 방법이 없어.

일정표: 협조자들과의 만남, 함께 일하는 사람들과의 만남 등 혁명과 관련된 약속을 표시하려면 달력은 물론 일정표도 반드시 필요해.

시계: 혁명은 정확한 시간에 시작되어야 해.

사진기: 혹시 휴대 전화가 없어서 손쉽게 사진을 찍을 도구가 없다면 사진기를 한 대 마련해 봐. 호주머니에 쉽게 넣을 수 있고, 사진을 찍을 때마다 커다랗게 '찰각' 하는 소리가 나지 않는 소형 사진기가 좋겠어.

녹음기: 휴대 전화가 없다면 녹음기도 따로 하나 준비해. 사진기처럼 메모리 카드에 소리를 저장하는 매우 작은 녹음기도 있는데, 메모리 카드가 가득 찰 경우에는 녹음 자료를 컴퓨터로 옮겨 보관할 수 있어.

종이와 펜: 재생 용지를 사용했거나 재생 가능한 종이면 좋겠어. 재생 용지에 대해서는 44번째 혁명에서 설명할 거야. 계획을 세우고 취소하는 일을 반복하면서 쓰고 지우고, 또  다시 쓰는 일이 생길 테니 종이와 펜이 꼭 필요하겠지?

컴퓨터: 집, 학교, 도서관, 어디서든 컴퓨터를 다루는 능력은 매우 필수적이야. 포스터나 전단지를 만들 수 있도록 그래픽 도구나 문서 작성  프로그램을 다루는 법도 익히는 게 좋아. 인터넷 검색은 기본이겠지?

혁명가가 갖추어야 할 다섯 가지 능력

혁명은 혼자서 일으킬 수도 있고 친구들과 함께할 수도 있어. 눈치 챘겠지만 되도록이면 친구들과 함께하기를 추천해. 당장 함께할 친구가 없다 해도 실망할 필요는 없어. 네가 먼저 시작하기만 하면 되거든. 친구들은 때가 되면 너를 찾아올 테니 기다려 봐.

혁명을 일으키려면 준비가 필요해. 50가지 혁명 내용을 꼼꼼하게 살펴보도록 해. 어떤 혁명인지에 따라 한 번에 이루어낼 수도 있지만 열 번, 백 번 반복해야 되는 경우도 있어. 어떤 혁명은 네 행동을 완전히 변화시키기도 해. 끝없이 계속될 때도 있어.

어떤 혁명은 비교적 쉽지만 어떤 혁명은 쉽게 이루어지지 않아. 50가지 혁명을 소개하면서 혁명가가 갖추어야 할 다섯 가지 능력도 같이 표시해 두었어. 1부터 5까지 단계로 표시했는데, 1은 조금 중요하다는 거야. 숫자가 커질수록 더 중요하다는 뜻이니, 5는 아주 많이 중요하다는 뜻이겠지?

반기 들기: 올바르지 않은 권위나 규칙, 혹은 평범하고 어리석은 유행이 되어 버린 우스운 습관에 순순히 따르지 않아야 해.

지구 보호하기: 환경을 생각하고, 돈과 에너지를 절약할 수 있는 행동을 통해 지구를 보호해야 해. 소비가 적을수록 좋아.

솔선수범하기: 다른 사람들을 위해 물건을 만들고 시간을 내고 움직여야 해. 시간을 효율적으로 사용하고 감정을 잘 다스려야 해. 아무런 대가 없이 네 손을 더럽히는 일을 해야 해. 실수를 하면 다시 시작하고, 다른 사람들의 말에 귀 기울이고, 다른 사람을 통해 배우고, 배운 것을 다시 다른 사람에게 가르쳐 주기도 해야 해.

절약하기: 우리 주위를 둘러싸고 있는 수많은 것들은 우리 삶을 편안하게 하고 아름답게 만들어 줘. 사람은 누구나 편하고 아름다운 걸 좋아하지. 하지만 많은 것들이 실은 전혀 쓸모가 없는 것들이야. 무언가 갖고 싶다는 마음이 들면 꼭 갖지 않으면 안 될 것 같아도 포기하고 나면 결국 괜한 욕심을 부렸다는 사실을 깨닫게 되지. 가진 것을 줄여야 가진 것에 더 크게 감사할 수 있어.

정보 수집하기: 어떤 일에 참여하려면 어떻게 해야 하는지, 그 일이 어떻게 진행되는지, 어디서 시작된 것인지, 왜 해야 하는지, 얼마나 가치 있는지 정보를 수집해 봐. 뜬소문이 아닌 진짜 정보를 찾아보는 거지. 호기심은 뜬소문에 휘둘리지 않게 해 주는 예방약이나 다름없어.

세상을 바꾸는 50가지 작은 혁명

차례

01 - 개인 물병 쓰기...22
02 - 여러 나라의 언어 배우기......................................26
03 - 몸 쓰는 일 해 보기..29
04 - 우리 동네 소리 지도 만들기..................................32
05 - 휴대 전화 꺼 두기..36
06 - 이웃과 인사하기..39
07 - 인터넷 교실 열기...42
08 - 부모님과 함께 출근하기......................................46
09 - 어르신들과 사진 찍기..49
10 - 탄소 발자국 줄이기..52
11 - 돈을 모아 의미 있는 일에 쓰기...............................57
12 - 묘지 가 보기...60
13 - 10킬로미터 걷기..63
14 - 사전 찾아보기..67
15 - 선생님에게 안부 묻기..71
16 - 모두에게 공 패스하기..75
17 - 옛날에 유행했던 노래 듣고 책 읽기.........................79
18 - 내가 태어나게 된 이야기 조사하기..........................82
19 - 동네 청소하기..85
20 - 포털 사이트 검색창 사용하지 않기..........................89
21 - 거짓말 하지 않기...92
22 - 시장님 만나기..96
23 - 미소의 날 정하기..100
24 - 유행에 따르지 않기...103
25 - 어르신들에게 이야기 듣기..................................106

26 - 분리수거 달인 되기..109
27 - 함께 모여 게임하기...114
28 - 책 교환하기..117
29 - 두려움 극복하기...120
30 - 전기 없이 하루 살기...123
31 - 하루에 물 2리터만 사용하기..126
32 - 친절 화폐 만들기...129
33 - 스스로 준비한 음식 먹기..132
34 - 재사용하기...135
35 - 80년대로 돌아가기..139
36 - 자가용 없이 돌아다니기..142
37 - 남자가 하는 일 여자가 하는 일 바꿔 보기....................145
38 - 전통 놀이 올림픽 열기...148
39 - 동물 돌보기..151
40 - 자선 베풀기..154
41 - 학교 변화시키기...157
42 - 세계 요리 파티 열기..160
43 - 꿀벌 돕기...163
44 - 종이 재활용하기...166
45 - 좋은 소식 전파하기...170
46 - 채식주의자로 살아 보기..173
47 - 신상품 사지 않기...177
48 - 남녀 구분 없애기...180
49 - 외계인의 눈으로 세상 관찰하기....................................183
50 - 싫다고 하지 않기...186

50가지 혁명

혁명 01

개인 물병 쓰기

물은 건강을 유지하는 데 아주 중요하니 충분히 마셔야 해. 그런데 얼마나 마셔야 충분할까? 성인 남자는 하루에 약 1.5리터, 성인 여자는 약 1리터 정도 마셔야 한대. 다행히 너는 어렵지 않게 물을 구할 수 있을 거야. 생수, 탄산수, 향이 나는 물도 있지. 페트병에 담아 팔기도 해. 문제는 이렇게 쓰이는 페트병이 환경을 심각하게 오염시킨다는 점이야.

바다거북이 평생 살아가면서 적어도 한 번은 플라스틱을 먹게 된다는 거 알고 있니?

태평양 한가운데에는 바다에 버려진 플라스틱이 모여 만들어진 섬이 있어. 처음 들어봤다고? 이 섬의 이름은 태평양 거대 쓰레기 섬 (Pacific Trash Vortex)이야. 우리가 매일 사용하는 페트병 수백 만 개로 이루어져 있대. 그뿐만 아니야. 제주환경운동연합에 따르면 제주 해안에서 발견된 해양 쓰레기 중 47.2%가 플라스틱이고, 그 중 대부분은 페트병이었다고 해. 엄청나지? 이제부터라도 페트병 사용은 줄이도록 하자.

자, 이제 개인 물병을 준비하자. 혁명 모둠의 협조자들과 똑같은 모양을 구입해서 써도 좋아. 물병 중에는 가방 끈에 연결할 수 있도록 고리가 달린 것도 있어. 마음에 드는 물통을 준비했으면 이제부터는 물통을 가방에 넣고 다니거나 좋아하는 겉옷 주머니에 넣고 다니는 거야. 물통의 용량을 잘 확인해 둬. 며칠 들고 다니다 보면 하루에 필요한 양의 물을 마시기 위해 물통을 몇 번이나 채워야 하는지 알게 될 거야.

곳곳에 설치된 정수기를 이용해 물을 채워 넣는 것도 좋은 방법이야. 사 먹는 물보다 더 나을지도 몰라. 참, 잊지 말고 가끔 병을 세척하도록 해. 물을 마시느라 물병에 계속 입이 닿다 보면 세균이 쉽게 번식해 물맛이 변할 수 있거든. 뚜껑은 꼭 닫는 거 잊지 말고! 안 그러면 물이 새서 가방이나 옷이 젖을 수 있으니까 말이야.

첫 번째 혁명을 완성하기 위해 다음 미션을 수행해 봐. 모둠의 협조자들과 함께 도전해 보는 거지. 네가 사는 지역을 조사해서 정수된 물을 받을 수 있는 곳을 표시한 지도를 만들어 봐. 그럼 목이 마를 때 쉽게 물을 구할 수 있게 될 거야.

한 가지 미션을 더 주자면 페트병을 버릴 때 납작하게 만들어 플라스틱 수거함에 버려 봐. 이미 알고 있는 방법일지도 모르겠군.

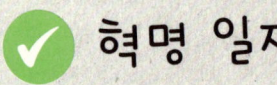

혁명 일지

네가 하루에 마셔야 하는 물의 양을 알아봐. 아래 공식으로 계산해 보면 돼.

체중 × 0.03 = 하루에 마셔야 하는 물의 양(리터)

내가 가진 개인 물병의 용량 =

하루에 물병을 채워야 하는 횟수 =

혁명 능력 점수

반기 들기 ●
지구 보호하기 ●●●●●
솔선수범하기 ●
절약하기 ●●●●●
정보 수집하기 ●●●

혁명 준비
빨리 준비할 수 있음

혁명 기간
습관이 몸에 밸 때까지

추천하는 책
『플라스틱 섬』, 이명애 글 그림

혁명 02

여러 나라의 언어 배우기

전세계에는 얼마나 많은 나라들이 있을까? 우리나라, 이탈리아, 미국, 영국, 그리스, 일본, 러시아…… 모두 206개국이나 되는 나라가 있어. 이 중 196개국이 주권을 갖고 있지. 일단 국가와 주권 국가의 차이점을 알아봐. 네가 잘 모르는 나라의 사람들을 만나 봐. 어떤 나라든 그 나라만의 값진 보물을 갖고 있어. 그러니 관습을 깨고 아주 작은 나라들의 언어도 한번 해석해 봐. 세계 지도를 한 장 구해서 한 대륙, 한 대륙씩 살펴보는 거야. 각 나라마다 무엇이 중요한지, 어떤 말이 중요한지 알아봐. 각 나라의 언어로 글을 써 보고, 어떻게 발음하는지, 어떤 뜻인지도 알아봐. 이렇게 익힌 언어로 이야기하고 글도 써 보는 거야. 참, 문자라고 보기 어려운 표의 문자나 기호를 사용하는 곳도 많으니 어떤 언어를 배울지 잘 고민해 보는 게 좋을 거야. 외국어에 대해 알아보려면 먼저 인터넷으로 검색해 보거나 가까운 도서관에 가서 여행 서적을 살펴봐. 도움이 될 거야.

 혁명 일지

여러 나라의 언어 중에 가장 좋아하는 단어 열 개를 여기에 적어 봐.

단어	발음	뜻
1)		
2)		
3)		
4)		
5)		
6)		
7)		
8)		
9)		
10)		

이 혁명의 가치		혁명 준비
반기 들기	●	별로 어렵지 않음
지구 보호하기	●●●●●	**혁명 기간**
솔선수범하기	●	206번
절약하기	●●●●●	
정보 수집하기	●●●	

추천하는 책
『80일간의 세계일주』, 쥘 베른 글

혁명 03

몸 쓰는 일 해 보기

지금은 기술이 발달한 컴퓨터, 스마트폰의 시대지만 직접 몸을 사용해 일을 해야 하는 예전의 노동 방식도 사라지거나 잊히지 않도록 해야 해. 네가 나서서 해결해 볼 수 있을 거야. 왜냐면 이번에 네가 해야 할 혁명이 '몸을 쓰는 일 해 보기'거든.

일이야 어느 가게든 가서 배워 볼 수 있지만, 옛 방식으로 지금까지 일하고 있는 장인을 찾아가도록 해. 예를 들면 핀셋과 돋보기로 작업을 하는 시계 수리점이나 초크로 재단 선을 그리고 손바느질을 하는 양장점, 망치와 가죽용 재봉틀로 작업하는 수제 신발 가게 같은 곳 말이야. 혁명을 좋아하는 어른과 함께 네가 선택한 상점에 들어가서 수

공예 장인에게 작업 기술을 가르쳐 줄 수 있는지 물어봐. 예를 들면 가느다란 나뭇가지 두 개를 꼬는 방법, 장식품 크기를 가늠하는 방법, 그게 아니라면 유리 공예품 안에 공기를 불어 넣는 방법, 물레로 실을 감는 방법과 같은 걸 배울 수 있냐고 말이야. 예로 든 일들 중 절반도 이해를 못 했다면 사태가 많이 심각하다고 할 수 있어. 어서 나가서 이번 혁명을 시작해! 장인에게 일하는 법을 배우기가 힘들다면 이런저런 잡일을 돕거나 장인이 시키는 일을 해도 돼.

장인이 하는 일을 모두 배울 필요는 없어. 그냥 작은 일이라도 좋으니 한번 도전해 보는 거야. 장인에게 네가 할 만한 일을 알려 달라고 해도 돼. 다만 현대 기술을 사용하지 않는 전통적인 수작업을 배워 보는 게 중요해. 내 손으로 직접 하는 일. 알겠지?

정말 굉장한 혁명을 일으켜 보고 싶다면 인터넷에서 사라진 직업들을 검색해서 그 일들을 주변 사람들에게 다시 해 보자고 제안해 봐. 예를 들어 예전에는 손님이 일어나고 싶은 시간을 미리 알려 주면 그 시간에 맞춰 직접 찾아가 문이나 창문을 두드려 깨워 주는 직업도 있었어. 스마트폰만큼 정확하지는 않아도 알람처럼 끄기가 쉽지는 않았겠지?

✓ 혁명 일지

장인의 이름과 하는 일, 네가 배운 일에 대해 기록해 봐.

혁명 능력 점수

반기 들기 ●●●
지구 보호하기 ●
솔선수범하기 ●●
절약하기 ●●
정보 수집하기 ●●●

혁명 준비
빨리 준비할 수 있음

혁명 기간
일주일

추천하는 책
『삶을 가꾸는 사람들 꾼·장이』 시리즈

혁명 04

우리 동네 소리 지도 만들기

네가 사는 곳에는 어떤 소리들이 들려? 네가 사는 곳에서 들리는 소리들을 찾아보고 소리가 나는 곳을 표시한 지도, 그러니까 '소리 지도'를 만들어 봐. 동네 곳곳에 감춰진 특성을 파악하는 데 도움이 될 거야. 소음 공해와의 차이도 알아볼 수 있어.

소음 공해는 환경을 파괴하는 공해 요소 중 하나야. 우리의 건강과 환경에 해를 끼치기 때문에 줄이기 위해 노력해야 해. 네가 먼저 나서서 시작해 봐. 이번 혁명은 시끄러운 행동으로 다른 사람들에게 피해를 주는 고약한 사람들을 대상으로도 이루어내야 해. 그런 사람들에게 소음 공해의 피해를 정확히 알려 줄 필요가 있어. 도리어 기분 나빠하며 화를 낼 수도 있으니 정확한 정보와 노력해야 할 점만 알려 줘.

물론 사람에 의한 소음을 찾아내는 것만이 이번 혁명의 목표는 아니야. 네가 사는 환경 속에서 나는 소리와 소음도 조사해 봐.

네가 사는 곳의 소리 지도를 만들려면 이런 것들이 필요해.

- 도움을 줄 친구. 적어도 한 명은 있어야 해.
- 너와 동행해 줄 어른. 혁명을 좋아하는 어른이면 더 좋겠지?
- 우리 동네 지도
- 스톱워치가 있는 시계
- 소음 측정용 애플리케이션을 사용할 수 있는 스마트폰

먼저 동네 지도를 훑어보고 어느 곳이 가장 소란스러울지 생각해 봐. 예를 들면 기차역이나 건설 현장, 공장 지역 같은 곳은 다른 곳보다 시끄럽겠지? 시장이나 경기장, 교회 앞, 학교 운동장 같은 곳도 꽤 소란스러울 거야. 소음이 심할 때도 있고 아닐 때도 있는 곳들은 최소 두 번은 조사해야 해. 시끄러울 때와 조용할 때, 소음을 측정해 봐.

소음이 가장 심한 시간을 점검하고, 스톱워치로 소음이나 소리가 최고조에 달한 시간이 얼마나 되는지도 측정하면 도움이 될 거야. 스마트폰의 소음 측정 애플리케이션을 이용해 봐.

세계 보건 기구에서는 수면 장애와 집중력 저하, 스트레스나 불안

증가, 공격성 상승을 비롯해 위장병, 호흡 문제를 일으킬 수도 있는 소음 공해 수준 기준이 있어. 낮에는 55데시벨, 밤에는 45데시벨이 넘지 않도록 할 것을 권장해. 지도에 소음 수치를 기록하고, 동네마다 다른 색으로 표시해 봐. 지도를 완성하고 나면 단지 소음이 가장 심한 지점과 시끄러운 시간대만 확인할 수 있는 게 아니라 네가 사는 동네가 마치 일정한 리듬에 따라 활동하는 느낌을 받을 거야.

  소음이 심한 곳만 찾아보지 말고, 조용한 곳에서 나는 소리도 조사해 봐. 작은 공터나 공원, 정원 같은 곳 말이야. 마을의 역사도 보이고, 더 나아가 지구도 새롭게 보일 거야.

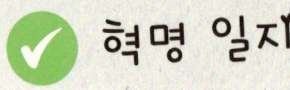

혁명 일지

소리 목록
가장 아름다운 소리 다섯 가지:

소리가 난 장소	소리가 난 시간
1	....
2	....
3	....
4	....
5	....

가장 불쾌한 소음 다섯 가지

소리가 난 장소	소리가 난 시간
1	....
2	....
3	....
4	....
5	....

혁명 능력 점수
- 반기 들기 ●
- 지구 보호하기 ●
- 솔선수범하기 ●●●●●
- 절약하기 ●
- 정보 수집하기 ●●●●

혁명 준비
별로 어렵지 않음

혁명 기간
한 달

추천하는 책
『901호 띵똥 아저씨』, 이욱재 글 그림

혁명 05

휴대 전화 꺼 두기

퀴즈를 하나 낼게. 우리가 문자 메시지나 메신저 답변을 기다리며 휴대 전화를 들여다보는 평균 횟수는 몇 번이나 될까? 정답은…… 하루 평균 75번이래. 엄청나지?

이번 혁명은 학교 친구들에게 제정신이냐는 소리를 들을 수도 있어. 친구들의 부러움과 존경을 얻을 수 있는 혁명이기도 해. 준비됐어?

이번 혁명은 다른 사람들과 협력해야 하는 일이야. 바로…… 하루 동안 휴대 전화를 꺼 두는 거야! 이번 혁명은 시작하기 전에 다른 사람들에게 네가 있을 장소에 대한 정보를 정확하게 알려 줘야 해. 특히 부모님께 이번 혁명에 대해 정확하게 알리고 시작하도록 해. 부모님이 너에게 세 번이나 전화를 했는데 계속 안 받으면 얼마나 놀라시겠어. 누구든 너에게 할 말이 있으면 직접 찾아와서 말해야 할 거야. 얼굴을 맞대고 이야기하는 게 얼마나 좋은지 체험할 수 있지. 무언가를 표현하기 위해 사용되는 얼굴 근육이 무려 36개나 된대. 수다를 떠는 건 상당한 운동인 셈이지.

휴대 전화는 워낙 자주 쓰는 편리한 물건이라 이번 혁명이 특히 어렵게 느껴질 수도 있어. 하지만 직접 만나서 이야기를 나누는 일은 정말 행복한 일이기도 하고 중요한 일이기도 해. 인류 역사상 가장 오래된 사회 활동 중 하나이기도 하고. '말은 사라지지만 글은 남는다'는 말이 있어. 글은 기록이 남기 때문에 나름의 가치가 있는 거고, 입으로 뱉은 말은 사라질 수 있기 때문에 다른 특별함이 있다고 생각해.

이번 기회에 다른 사람과 얼굴을 바라보며 이야기를 나눠 보자. 이 혁명을 실행하기 전날, 서로 메시지를 주고받으며 만날 장소를 정해 봐. 공원도 좋고 학교 근처 담벼락, 작은 광장 같은 곳도 괜찮을 거야. 장소는 어디든 상관없어. 중요한 건 정확한 약속이야. 휴대 전화를 <u>끄고</u> 눈과 귀를 열어 봐.

더욱 위대한 혁명을 일으키고 싶다면 하루가 아니라 일주일 동안 휴대 전화 없이 지내 봐. 할 수 있겠어?

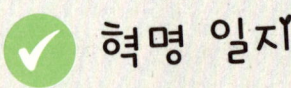 혁명 일지

약속 장소가 어디였어?

....

휴대 전화 없이 만난 사람들의 이름을 적어 봐.

1) ....

2) ....

3) ....

4) ....

5) ....

혁명 능력 점수
반기 들기   ●
지구 보호하기   ●●●●
솔선수범하기   ●
절약하기   ●●●●
정보 수집하기   ●●●

혁명 준비
빨리 준비할 수 있음

혁명 기간
하루(일주일에 하루씩도 좋음)

추천하는 책
『휴대 전화가 사라졌다』, 최은영 글, 유설화 그림

혁명 06

이웃과 인사하기

요즘 사람들은 너무 바쁘게 살다 보니 이웃들과 대화를 못 하는 경우가 많아. 이웃에 대해 별로 궁금해 하지도 않지. 이번 혁명은 네가 먼저 무관심의 사슬을 끊고 일주일 동안 마주치는 이웃들에게 먼저 아침 인사하기야.

아무 설명 없이 그림 쪽지를 전해 주는 방법도 있어. 하루 한 장씩 일곱 장의 그림 쪽지에 '좋은 하루 되세요'라는 메시지를 적어서 전해 봐. 그림을 배달하는 사람이 누구인지 모르게 전한다면 더 좋아. 그러니 평소에 너와 가까이 지내지 않았던 이웃을 정해서 혁명을 일으켜 보자. 더 놀라운 반응을 보일 거야!

언제 누군지 밝히면 좋을까? 마지막으로 전달하는 그림 쪽지에만 이름을 남기는 거야. 너에게 고맙다는 인사를 하고 싶어하는 이웃이 있을 수도 있으니까.

이 혁명이 네가 사는 동네를 이웃사촌이 가득한 동네로 만들 수 있어. 이웃끼리 서로 돕고 정보도 교환하며 함께 시간을 보내기도 하는 곳으로 만드는 첫걸음이 될 거야.

조금 더 도전해 보고 싶니? 그렇다면 더욱 특별한 혁명에 도전해 봐. 이번에는 다양한 기법으로 일곱 장의 그림을 그려 보는 거야. 예를 들면 연필이나 보드마커, 파스텔, 유화 물감 등 그리는 도구를 다양하게 사용해 보거나 콜라주 기법, 흑백 그림처럼 다양한 기법을 혼합하는 등 각각 다른 느낌의 그림을 그리는 거지. 그리고 그림에 이야기나 줄거리를 담아 이어지게 만들어 봐. 첫 그림은 누군가 잠에서 깨 일어나는 모습, 그다음 그림은 출근하는 모습, 그다음은 집으로 돌아오는 모습 등으로 이어가는 거야.

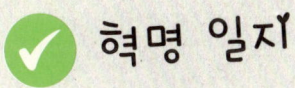
혁명 일지

대상 : ....

주제	요일	그림 기법
....	월요일	....
....	화요일	....
....	수요일	....
....	목요일	....
....	금요일	....
....	토요일	....
....	일요일	....

혁명 능력 점수
반기 들기 ●
지구 보호하기 ●
솔선수범하기 ●●●●●
절약하기 ●●
정보 수집하기 ●●

혁명 준비
빨리 준비할 수 있음

혁명 기간
일주일

추천하는 책
『행복을 전하는 편지』, 안소니 프랑크 글, 티파니 비키 그림

혁명 07

인터넷 교실 열기

인터넷은 세상을 바꾼 진정한 기술 혁명이야. 인터넷은 전 세계를 장악하며 새로운 시대를 열었지만, 안타깝게도 이런 시대의 흐름에 뒤처져 있는 사람도 있어. 할아버지, 할머니와 같이 연세가 많은 분들, 간혹 부모님 세대 중에도 인터넷을 잘 다루지 못하는 분들이 있어. 진정한 혁명은 모두를 존중하고 돕는 것인 만큼 이런 분들을 돕는 게 이번 혁명의 목표야. 특히 빨리 움직이지 못하는 분은 반드시 도와야 해. 이런 분들을 위해 네가 사는 동네에서 인터넷 사용법 알려 주기 봉사 활동에 참여해 보자.

먼저 컴퓨터에 대해서는 모르는 게 없는 친구나 지인의 명단을 만들

자. 그리고 그 친구들이 구체적으로 어떤 분야를 잘 하는지 기록해서, 그 친구들로 이루어진 슈퍼 히어로 팀의 능력을 한눈에 볼 수 있는 목록을 작성해 봐. 그다음에는 친구들에게 일일이 전화를 걸어 혁명에 동참하도록 만들어.

이번 미션은 지금까지 주어진 미션 중 가장 혁명적인 일이니 인내심을 가지고 밀고 나가야 해. 너무 거창하고 복잡한 강좌를 열 필요는 없어. 할아버지, 할머니 들은 메일이 무엇인지, 심지어 인터넷이나 기본적인 컴퓨터 조작도 못하는 분도 있어.

이번 혁명을 통해 어르신들에게 아주 큰 도움을 줄 수 있는 교육이 있어. 그게 뭘까? 바로 '링크를 누른 후 비밀번호를 입력하세요.'라거나 '신용 카드 번호를 입력하세요' 같은 내용의 메일을 보내는 사람이 사기꾼이라는 사실을 알려 주는 거야. 기술이 급속도로 발전해 가는 이 세상에서 혼자 해낼 수 있는 사소한 지식 몇 가지를 배웠다는 것만으로도 할아버지 할머니 들은 무척 행복해 할 거야.

앞에서도 말했듯이 이번 미션은 친구들과 함께해 봐. 너에게 도움을 청하는 분들 중에는 휴대 전화를 잘 사용하고 싶은 분도 있을 수 있고 이메일 작성하는 법을 제대로 배우고 싶은 분이나 인터넷에서 정보를 검색하는 법을 배우고 싶은 분도 있을 거야. 그러니 필요에 따라 도움을 줄

수 있는 사람이 있으면 좋을 거야.

그리고 '인터넷 교실'이 생겼다는 내용이 담긴 전단지를 준비해. 너에게 연락하고 싶은 사람이 있으면 언제 어디로 찾아오라는 내용을 담아야 해. 예를 들면 '시간: 오후 4시, 장소: 도서관'처럼 말이야. 내용이 완성되었으면 여러 장 복사해서 배포를 시작해. 동네에 있는 공공 센터나 공공 게시판에 전단지를 붙여 봐. 학교에 붙이는 것도 괜찮을 거야. 부모님과 할아버지 할머니에게도 말씀 드린 후 연락을 기다려. 조만간 누군가 네가 말한 장소에 나타날 거야.

연락이 오면 행동을 개시하면 돼. 무엇을 배우고 싶은지 물어 봐. 그리고 되도록 간단하게 해결 방법을 설명해. 한 번 이상, 여러 방법으로, 엄청난 인내심을 가지고 설명해야 할 수도 있어. 너에게는 어떤 보상이 돌아올까? 사람들이 무엇인가를 배우고 난 후에 짓는 표정을 봤을 때 느껴지는 만족감은 값을 따질 수 없어. 그리고 어쩌면 두 번째로 너를 찾아올 때는 맛있는 케이크 한 쪽이나 박하사탕이 손에 들려 있을지도 몰라.

조언: 인터넷 교실을 마칠 때마다 도움을 요청했던 분의 이름과 도움을 준 친구의 이름, 문제의 특성, 해결 방법 등을 기록해 두자. 같은 문제로 도움을 요청하는 할아버지가 또 나타날 경우 이미 해결 방법을 기록해 두었으니 간단히 해결할 수 있겠지?

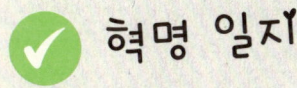
혁명 일지

인터넷 교실에 참여한 어르신들에 대해 적어 봐.

이름	전화번호	능력	활동 내역
1	....	....	....
2	....	....	....
3	....	....	....
4	....	....	....
5	....	....	....

혁명 능력 점수
- 반기 들기 ●
- 지구 보호하기 ●
- 솔선수범하기 ●●●●
- 절약하기 ●
- 정보 수집하기 ●

혁명 준비
준비하는 데 오래 걸림

혁명 기간
한 달

추천하는 책
『마녀 위니의 새 컴퓨터』, 밸러리 토머스 글, 코키 폴 그림

혁명 08

부모님과 함께 출근하기

이번에는 직업에 관한 혁명을 시도해 볼 거야. 부모님의 직장부터 시작할 거니, 네가 직접 나서야 해. 우선 부모님의 직장에 따라가 부모님이 어디서 어떻게 일을 하는지 살펴봐. 그리고 그곳의 분위기를 완전히 바꿔 봐. 더 좋은 방향으로 바꾸는 거야.

이번 혁명은 사소해 보여도 매우 중요한 혁명이야. 우선 부모님 일터에 같이 가도 되는지 물어봐. 통계청의 자료에 따르면 2018년 기준으로 맞벌이 부부의 경우 남자는 일주일에 평균 46.3시간, 여자는 40.3시간 정도를 일한대.

부모님의 직장에 직접 가서, 근무 시간을 어떻게 보내는지 경험해 보자. 넌 학교에 가야해서 부모님을 따라 가 볼 수 없다고? 평소에는 그렇겠지. 하지만 이건 혁명이니 평소와 좀 달라져야 하지 않을까? 부모님 직장을 방과 후에 잠깐만 들르는 방법도 있어. 다른 방법도 찾아 봐. 부모님이 실제로 무슨 일을 하는지 알아보고, 그곳에서 네가 할 수 있는 모든 일을 찾아봐. 사실 부모님은 직장에서 무슨 문제가 일어나더라도 너에게 쉽게 알려 주지는 않을 거야. 경우에 따라서는 불합리한 일이 벌어지고 있는데 부모님이 몰라서 말을 못하는 경우도 있을 수 있어.

부모님의 직장에서 어느 정도 시간을 보내다 보면 무엇인가 불편한 점들을 발견할 수 있을 거야. 예를 들어 커피 머신이 너무 멀리 있다거나 필기도구가 턱없이 부족한데 비해 새 필기도구를 회사에 신청하려면 이것저것 작성해야 할 서류가 너무 많을 수 있어. 혹은 회사에 도시락을 싸와서 점심을 먹는 직원이 많은데, 음식을 보관할 냉장고가 너무 작을 수도 있지. 어때? 네가 바꿀 수 있는 일이 있어?

때로는 작은 혁명만으로도 일하는 환경을 개선할 수 있어. 예를 들면 책상의 방향을 바꾼다거나, 식물을 기른다거나, 옷걸이를 하나 더 설치한다거나, 식당에 다트 판을 하나 다는 것만으로도 직장 생활이 달라질 수 있어.

집에 돌아오면 부모님께 네가 부모님의 회사에서 흥미롭게 본 것에 대해서만 이야기하지 말고 네가 할 수 있는 작은 혁명에 대해서도 말해 봐. 부모님이 네 생각에 동의한다면 회사에 변화를 제안할 거야.

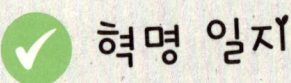 혁명 일지

아빠, 엄마 중 누구 사무실에 갔어?

_____

어떤 문제가 있었어?

_____

그 문제를 어떻게 해결하면 좋을까?

_____

혁명 능력 점수		혁명 준비
반기 들기	●	별로 어렵지 않음
지구 보호하기	●	**혁명 기간**
솔선수범하기	●●●●●	한 번
절약하기	●	
정보 수집하기	●●●●●	

추천하는 책
『엄마 왜 안 와』, 고정순 글 그림

혁명 09

어르신들과 사진 찍기

할아버지 할머니와 사진을 찍으라니, 상상이 안 되니? 절대 그렇지 않아. 특히 너처럼 혁명적인 아이가 어르신들과 잠깐이라도 함께 시간을 보내면서 외로움과 슬픔의 벽을 넘게 도와준다면 완전히 달라질 수 있지. 이번 혁명은 사소해 보여도 매우 중요한 혁명이야.

이번 혁명을 소개할게. 시간을 내서 요양원에 한번 가 보는 거야. 어떤 혁명인지 눈치 챘지?

자, 그럼 어서 행동으로 옮기자. 요양원에 들어가면 최소한 열 분 이상의 어르신들에게 먼저 다가가 함께 사진을 찍자고 말해 봐. 사진기를 사용해도 되고 휴대 전화로 찍어도 상관없어. 우선 사진을 찍는 이유를 어르신들에게 설명해. 두 세대가 미소로 하나가 될 수 있다는 것을 보여 주기 위해 사진을 찍는다고 말이야. 이런 사진을 찍는 이유는 또 있어. 어느 연구에 의하면 친구와 새로운 사회적 관계를 가지면 우울증을 극복하는 데 도움이 되고 건강하게 만들어 주며, 심지어 수명까지 연장해 준다고 해. 그러니 이번 혁명은 건강에 유익한 도전인 거지.

사진으로 친구가 된 어르신들께 이름과 젊은 시절의 별명도 물어봐. 그리고 사진을 같이 찍어 주신 데 대한 감사의 의미로 네가 도울 일이 있는지 물어봐. 예를 들면 잠시 말동무가 되어 드리거나 비스킷을 갖다 드리거나 신문을 사다 드리는 일 같은 걸 할 수 있을 거야.

금세 요양원에 어르신 친구들이 생기게 되겠지?

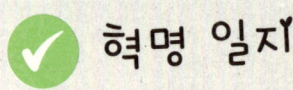

가장 잘 나온 사진을 아래에 붙이고, 함께 사진을 찍은 어르신의 이름을 적어 봐.

혁명 능력 점수	혁명 준비
반기 들기 ●●	빨리 준비할 수 있음
지구 보호하기 ●●	**혁명 기간**
솔선수범하기 ●●●	한 번
절약하기 ●●●	
정보 수집하기 ●●●	

추천하는 책
『숲 속 사진관』, 이시원 글 그림

혁명 10

탄소 발자국 줄이기

우리는 모두 지구를 어느 정도 오염시키고 손상시키며 살고 있어. 우리의 모든 행동이 배설물과 폐기물을 만들어 내기 때문에 어쩔 수 없는 일이야. 이러한 폐기물들이 만들어지며 발생하는 온실가스가 지구의 온도를 상승시키고 환경에 흔적을 남겨. 이처럼 온실가스 발생량을 이산화탄소 배출량으로 환산해 표시한 것이 탄소 발자국(Co2 footprint)이야.

모든 사람은 활동을 하거나 상품을 생산하고 소비하는 과정에서 탄소 발자국을 발생시키는데, 이 양이 전체 탄소 발자국의 거의 절반을 차지해. 사람뿐만 아니라 다른 동물들도 탄소 발자국을 남겨. 사람을 포함한 모든 동물들이 만들어 내는 오물, 자동차나 공장에서 발생하는 공기 오염으로 인한 탄소 발자국은 쉽게 상상할 수 있을 거야. 생각보다 소가 만들어 내는 탄소 발자국도 엄청나. 우리가 구입하는 책이나 장난감, 간식, 옷도 탄소 발자국을 남겨. 이메일을 전송하는 행동 같은 생각지 못했던 행동도 탄소 발자국을 남기지. 프랑스에서 실시한 한 연구에 의하면 메시지를 보내고 받는 데 평균 19그램의 이산화탄소가 배출된다고 해. 이메일 한 통을 전송할 때 발생하는 이산화탄소의 양은 자동차가 1킬로미터를 주행할 때와 같은 양이야. 그러니 광고성 메일을 포함해 불필요한 메일은 줄여야 하겠지?

지구는 스스로 치유하고 회복할 수 있는 능력을 지녔어. 하지만 현재 인류가 만들어 내는 탄소 발자국이 지구의 회복 능력을 절반 이상 뛰어넘어 버렸어. 이런 상태가 계속되다 보면 더 이상 지구에서 살 수 없을 만큼 이 땅이 망가지게 될지도 몰라.

그렇다면 네 미션은 무엇일까? 데이터 수집을 시작으로 혁명의 도화선에 불을 붙이는 일이야. 일주일 동안 네가 먹는 모든 음식의 출처를 조사해 봐. 네가 먹은 식품의 원산지가 네가 식사를 하는 곳과 가까우면 가까울수록 그 식품의 탄소 발자국은 줄어들어. 그 식품을 운송하기 위해 트럭이나 기차, 배에 싣지 않았다면 탄소 발자국은 더욱 줄어들 거야. 재료의 원산지도 확인해 봐. 향신료나 열대 식품은 아주 멀리서 왔을 거야. 네가 바닷가에 살지 않는 한 생선도 꽤 먼 곳에서부터 왔겠지? 네가 얼마나 먹는지, 그 음식들이 자동차나 기차를 타고 얼마나 이동했는지, 얼마나 많은

에너지를 사용하는지를 기록해, 네가 만들어 낸 탄소 발자국의 양을 알아봐. 인터넷에서 검색해 보면 네가 수집한 데이터를 입력해 정확한 탄소 발자국 값을 계산할 수 있는 사이트가 있을 거야.

그다음 단계는 간단해. 절약만 하면 되거든! 먼저 집에서 만든 음식을 먹기 시작해 봐. 탄소 발자국이 0킬로미터인 음식을 만들어 봐. 도저히 그럴 수 없는 음식, 예를 들어 우리나라에서 생산되지 않는 초콜릿 같은 음식이 먹고 싶다면 '공정거래 상품'이라는 표시가 되어 있는 초콜릿을 구입하자. 공정거래 상품은 초콜릿이 네 손에 들어가기까지 노동력을 제공한 모든 사람에게 아주 공정한 방식으로 수입을 분배하거든.

이외에도 네가 할 수 있는 일이 또 있어. 음식물 쓰레기를 줄이는 거야. 낭비되는 음식이 대기 중에 방출하는 온실 가스의 7%를 차지한대. 그러니 음식 낭비를 줄이면 생태 발자국도 줄어들게 될 거야.

한 가지 더 도전해 보고 싶다면 학교에서 선생님을 포함한 반 친구들에게 생태 발자국을 계산해 보자고 제안해 봐. 그리고 연말이 오기 전에 이 생태 발자국을 절반으로 줄이기 위한 방법도 토론해 보자.

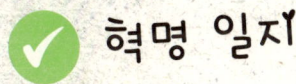 **혁명 일지**

내가 먹는 음식 중 가장 먼 곳에서 온 음식을 적어 봐.

음식	원산지
1	....
2	....
3	....
4	....
5	....

탄소 발자국이 전혀 발생하지 않은 음식을 적어 봐.

음식	원산지
1	....
2	....
3	....
4	....
5	....

혁명 능력 점수		혁명 준비
반기 들기	●●●●	준비하는 데 오래 걸림
지구 보호하기	●●●●●	**혁명 기간**
솔선수범하기	●●●	습관이 몸에 밸 때까지
절약하기	●●●	
절약하기	●●●	

추천하는 영화
〈비포 더 플러드〉, 피셔 스티븐스 감독

혁명 11

돈을 모아 의미 있는 일에 쓰기

이번 혁명은 도전해 볼 가치가 있어. 세상을 바꾸기 위해 돈을 모으고 직접 실행해 보는 미션이거든. 우선 어떤 일을 할지 정하고 돈을 모아야 해. 너를 비롯해 너와 함께하는 모둠의 혁명가들과 함께 시작해 봐. 우선 학교에서 설문 조사를 실시하자. 그리고 자금을 모아 어떤 일을 할지 다섯 가지 정도 생각해 보자.

예를 들어
1. 우리 동네에 사는 길고양이를 치료하고 씻기기
2. 기념물이나 낡은 놀이터 수리하기
3. 도서관이 없는 동네를 위한 도서 구입하기

4. 자연재해를 입은 지역에 보낼 구호품 구입하기
5. 아프리카를 비롯한 빈곤한 지역에 보낼 약품 구입하기

이 정도는 몇 가지 예시일 뿐이야. 네가 직접 다른 것들도 생각해 봐.

설문 조사를 하려면 선생님과 교장 선생님께 허락을 구하고, 학교 중앙 복도에 투표함을 놓으면 돼. 그러면 누구나 자기가 선호하는 일과 왜 그 일을 추진하고 싶은지 메모를 남길 수 있어. 마지막으로 표를 집계한 후 결과를 발표하면 돼. 이 과정을 통해 혁명에 함께할 친구들도 더 많이 늘어나게 될 거야. 그럼 그때부터 자금을 모으기 시작하면 돼!

제일 먼저 부모님께 도움을 청해 봐. 네가 원하는 일을 하려면 최소 얼마의 금액이 필요할까? 최소 비용이 결정되면 그 돈을 모으는 것이 첫 번째 목표가 되는 거야.

이번 혁명에서 네가 사용할 수 있는 안전하고 빠르며 효과적인 방법을 하나 소개하게. 바로 '크라우드 펀딩(crowdfunding)'이야. 크라우드 펀딩은 인터넷을 이용해 다수의 개인으로부터 돈을 모으는 방법이야. 돈을 지불한 사람에게는 돈에 대한 대가로 감사 인사나 작은 선물, 후원인으로 이름을 올려 주는 것과 같은 보답을 하면 돼. 크라우드 펀딩으로 자금을 모으기 위해서는 돈을 모으려는 목적을 잘 설명해야 해. 학교에서 설문 조사를 한 내용을 명확히 밝히는 것도 큰 도움이 될 거야.

목표한 금액을 모두 모으게 되면 모금을 중단하고 행동을 개시하면 돼. 돈을 지불한 사람들에게 결과를 알려주는 것도 잊지 마. 그 사람들 역시 너와 함께 좋은 일에 참여했다는 자부심을 느낄 수 있을 거야.

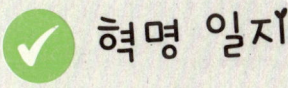

✓ 혁명 일지

어떤 의미 있는 일을 할지 설문 조사를 한 결과를 정리해 봐.

의미 있는 일	득표수
1	......
2	......
3	......
4	......
5	......

혁명 능력 점수
반기 들기   ● ●
지구 보호하기   ● ● ● ● ●
솔선수범하기   ● ● ● ● ●
절약하기   ●
정보 수집하기   ● ● ●

혁명 준비
준비하는 데 오래 걸림

혁명 기간
한 번

추천하는 영화
〈브루스 올마이티〉, 톰 섀디악 감독

혁명 12

묘지 가 보기

보통 묘지에는 세상을 떠난 사람들을 기리기 위해 가는 거지 묘지가 좋아서 가는 건 아닐 거야. 그런데 예전에는 좀 다른 이유로 사람들이 묘지를 찾았어. 유럽 사람들은 살아 있는 사람보다 세상을 떠난 사람들을 더 존경해서, 존경하던 사람의 묘지를 찾아가기도 했대.

이번 미션은 아무도 기억하지 못하는 누군가를 기리기 위한 작은 혁명을 해 보려고 해. 묘지에 가서 묘비 앞에 아무것도 놓이지 않은 누군가를 찾아 꽃을 놓고 오는 거야.

정신없이 앞을 향해 달리기만 하는 일상에 잠시 쉼표를 찍고, 묘지로 찾아가 봐. 왠지 마음이 차분해지고 무덤 속에서 잊힌 분이 누구인지, 살았을 때는 무슨 일을 했는지 궁금해질 거야.

　공동묘지가 여러 곳 있다면 그 중에서 가장 역사가 오래된 곳을 찾아가 봐. 그리고 그중에서 가장 먼지가 많이 쌓인 묘지, 방문객이 남긴 꽃이나 그 사람을 추억할 물건이 하나 없는 오래된 묘지를 찾는 거야. 비석에 적힌 날짜를 확인해 봐. 200년도 더 된 무덤도 있을지 몰라. 고인의 이름도 한번 살펴봐. 낯설고 다양한 이름을 보다 보면 시간 여행을 하는 기분이 들 거야. 꽃을 가져가 낡은 묘비 앞에 놓자. 무덤 주변을 한번 청소해 봐. 그러고서 무덤의 위치와 묘비에 적힌 고인의 이름, 날짜, 그리고 특이사항이 있는지도 살펴봐. 가끔 묘비에 '폭풍 속에서 사망하다'라든가 '닭고기를 좋아하지 않았다'와 같은 문장이 적힌 경우도 있어. 이런 글을 '비문'이라고 해.

　이걸로 혁명은 완료야. 너는 아무도 기억하지 않던 누군가를 회상해 본 거야.

 혁명 일지

고인의 이름, 생년월일, 비문 등 묘비에서 본 것을 적어 봐. 비석에 조각이 있었다면 그림도 그려 봐.

혁명 능력 점수
반기 들기 ●
지구 보호하기 ●
솔선수범하기 ●
절약하기 ●●●●
정보 수집하기 ●●●●

혁명 준비
빨리 준비할 수 있음

혁명 기간
1년에 한 번

추천하는 영화
〈헬로우 고스트〉, 김영탁 감독

혁명 13

10킬로미터 걷기

10킬로미터면 얼마나 긴 거리인지 감이 오니? 생각보다 매우 긴 거리야. 정말이야. 차를 타고 달리면 길다는 느낌이 전혀 들지 않겠지만 한번 걸어서 가 보면 이야기가 달라질 거야. 1킬로미터만 해도 최소 천 걸음은 걸어야 하는데, 10킬로미터면 만 걸음이나 되거든!

이번 미션은 바로 10킬로미터 걷기야. 이 혁명은 간단하지만 까다로운 부분도 있어. 일단 너와 함께 걸어 줄 혁명적인 어른의 도움이 필요해. 네가 동네 어귀나 서성이는 게 아니라 진지하게 걷기를 바라거든. 그래야 무려 여섯 시간이나 걸리는 10킬로미터라는 길고 긴 거리를 걸을 수 있어.

그리고 준비할 것도 많아. 평소에 많이 걸어 다니지 않았다면 더 철저히 준비해야 해.

이번 혁명도 첫 단계가 가장 중요해. 첫 단계는 대장정을 계획하는 일이야. 계획을 세우려면 걸을 곳 주변의 지역을 잘 아는 사람에게 조언을 구하는 것이 좋아. 그 사람이 너를 산으로 들로, 심지어 바다까지 데려갈 수 있을 거야. 발걸음이 어디로 향하든 그건 중요치 않아. 해변을 따라 5킬로미터를 걸어간 후 되돌아올 수도 있어, 10킬로미터를 계속 한 방향으로 걷다가 대중교통을 타고 돌아와도 괜찮아.

언제 어디로 대장정을 떠날 것인지 목표를 적어 방에 붙여 두자. 그리고 함께 걸을 사람을 찾자. 산행을 할 때는 물론이고 장거리를 걸을 때에는 절대 혼자 걸으면 안 돼. 무슨 일이 일어날지 모르기 때문이야. 그렇다고 너무 많은 인원이 함께 가도 안 돼. 그러면 제대로 걷지 못하고 한자리에 머물러 있게 되기 쉽거든. 동행은 최대 3~4명이 넘지 않도록 하는 게 좋아.

언제, 어디로, 누구와 함께 갈지 정해졌으면 본격적으로 훈련을 시작해. 10킬로미터 대장정이 내일이라면 출발 자체가 불가능하거나 혹시 간다 해도 다녀온 후 일주일 동안 다리가 아파 고생할 거야.

그러니 10킬로미터 걷기를 세 달 후에 도전하겠다는 목표로 내일 첫 훈련을 시작해 봐. 일주일에 2번씩, 2주 동안 4번 훈련을 이어가자. 한 달 후에는 6번 정도 훈련이 되어 있어야 해. 네가 얼마나 걸을 수 있는지 체크해 봐. 얼마나 걸었을 때부터 숨이 차는지 알아 둬. 평소처럼 편하게 숨을 쉬는 시간도 알아야 해. 호흡이 편안하면 조금 더 걷고, 숨이 찬다면 잠시 멈췄다가 다시 출발해. 이런 훈련을 통해 호흡을 잘하는 법을 익히자.

걷기를 할 때는 잘 마시고, 잘 먹고, 잘 입어야 해. 이 중 가장 중요한 것부터 이야기해 볼게.

물병: 길을 걷다가 물을 채울 수 있는 곳이 있는지 지도에서 찾아보고, 없는 곳을 걸을 경우에는 물 2리터를 가지고 출발하자. 물에 레몬즙을 두 방울 정도 섞으면 더 좋아.

음식: 음식을 많이 먹으면 소화시키기가 힘들고 몸이 무거워지니 되도록 적게 먹는 게 좋아. 아몬드나 호두, 견과류를 먹는 걸 추천해. 영양가가 높고 맛있는 데다 에너지가 가득한 음식이야. 샌드위치도 나쁘지는 않지만, 두껍게 쌓아 올린 샌드위치는 피하도록 해. 그리고 걷는 도중에 필요한 에너지를 공급하는 데에는 초콜릿 한 조각이면 충분해.

발: 절대 발이 아프면 안 돼. 그러니 훈련하면서 발을 잘 체크해 봐. 발이 아팠다면 신발을 바꾸어야 해. 튼튼하면서도 편한 신발이 좋은 신발이야. 굽이 있는 신발, 밑창이 두꺼운 운동화도 좋지 않아.

모두 준비됐어? 그럼 출발해! 걷기 시작하는 거야. 완주하는 게 가장 중요한 목표야. 걷고, 걷고 또 걸어. 걸으면서 네 생각이 어떻게 바뀌는지 지켜봐. 지루해 죽을 거 같다고? 일단 한번 해 봐.

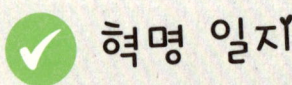 혁명 일지

10킬로미터의 여정을 그리거나 지도를 붙여 봐.

혁명 능력 점수

반기 들기 ●
지구 보호하기 ●●
솔선수범하기 ●
절약하기 ●●●●
정보 수집하기 ●●●●

혁명 준비
준비하는 데 오래 걸림

혁명 기간
한 번

추천하는 책
『아빠, 오늘은 어디서 자요?』, 서성민, 서성균 글

혁명 14

사전 찾아보기

우리는 점점 우리의 언어를 제대로 사용하지 않고 있어. 단어 뜻에 맞지 않게 사용하기도 하고, 복잡한 개념 대신 이모티콘을 쓰기도 하고, 마음대로 줄여서 말하기도 하지. 하지만 우리에게는 정확하고 시적이며 경이로운 표현이 가능한 위대한 한글이 있어. 다만 우리가 그런 표현들을 잘 안 쓰다 보니 사용하는 방법을 잊게 된 것뿐이야. 유행어나 반복적으로 사용하는 단어를 더 좋아하지. 하지만 그런 말들은 깊이 있는 생각을 하는 데에는 도움이 되지 않아. 말하는 법을 다시 배우려면 단어의 기본부터 시작하는 작은 혁명이 필요해. 국립국어원의 표준국어대사전에는 표준어와 방언, 북한어, 옛말 등 우리말을 포

함한 약 51만 단어가 실려 있어. 맞춤법과 띄어쓰기를 비롯해 우리의 언어생활에 지침이 될 만한 것들을 가르쳐 주지.

　이번 혁명에는 아주 두꺼운 사전이 필요해. 두꺼우면 두꺼울수록 좋아. 부모님께 집에 사전이 어디 있는지 물어봐. 집에 사전이 없으면 한 권을 구입하든, 도서관이나 학교에서 대여하든, 일단 사전을 한 권 구해야 해. 방에 사전을 두고 매일 아무 페이지나 펼쳐 봐. 좀 더 체계적으로 공부하고 싶다면 매일 다른 단어를 찾아보면 돼. 사전을 펼치면 양쪽 면에 여러 단어들이 보이지? 그중 한 단어를 선택해. 조사나 수사, 관형사, 대명사 같은 네가 이미 잘 아는 단어는 다시 살펴보지 않아도 돼. 새로운 단어나 네가 의미를 잘 모르는 단어를 선택해. 선택한 단어를 수첩에 옮겨 적고 공부해 봐. 사전에 뭐라 적혀 있는지 보고, 문장 내에서 어떻게 사용할 수 있을지 생각해 봐. 그렇게 그 단어를 너의 단어로 만드는 거야. 이런 식으로 매일매일 꾸준히 한 단어씩 한 달 동안 공부를 하면 다양한 단어를 사용해 좀 더 제대로 말하는 것이 좋다는 생각이 들기 시작할 거야. 언어는 금광을 캐는 것과 같아. 네가 열심히 노력하면 값진 결과를 얻을 수 있지. 단어는 너라는 금광을 채우고 있는 작은 돌이야.

　참, 주의할 게 있어. 한 달 동안 여러 단어를 익혔다고 끝이 아니야. 이게 시작이지. 네가 무작위로 선택한 단어들을 사용하려면 다른 단어들도 필요해. 그러니 사전은 계속 필요할 거야. 네 머릿속 언어의 방에 더 많은 단어를 채우면 채울수록, 자연스럽게 입에서 술술 말이 이어질 거야. 가수나 래퍼가 엄청 긴 가사를 어떻게 막힘없이 이어갈 수 있겠어? 바로 어휘력 덕분이야. 혹시 네가 단어를 좀 알게 되었다고 좀 으스대고 싶은 기분이 든다면 새로운 단어를 익혔을 때 부모님께 그 단어를 아시는지, 어떤 경우에 사용하는지 아시는지 물어봐. 무언가를 배웠을 때 가장 잘 사용하는 방법은 내가 배운 것을 잘 잊은 사람에게 가르쳐 주는 게 최고야. 이것도 혁명이 될 수 있겠네.

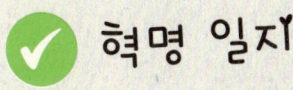

네가 알아 낸 멋진 단어 다섯 개를 적어 봐.

단어	의미
1	
2	
3	
4	
5	
6	
7	
8	

혁명 능력 점수

반기 들기 ●●●
지구 보호하기 ●
솔선수범하기 ●
절약하기 ●●
정보 수집하기 ●●●●●

혁명 준비
바로 시작할 수 있음

혁명 기간
한 달

추천하는 영화
〈슬럼독 밀리어네어〉, 대니 보일 감독

혁명 15

선생님에게 안부 묻기

담임 선생님에게 어떻게 지내는지 물어 본 적 있어? 아마 없을 거야. '교단에 서 있는 사람은 어렵다.'는 불문율 때문이겠지. 하지만 실은 그렇지 않아. 적어도 항상 그런 건 아니야.

선생님은 중요하면서도 어려운 일을 해. 한 학급 학생 전체를 대상으로 한다는 걸 생각해 보면 쉽게 이해할 수 있을 거야. 학생들은 어떤 때에는 호의적이지만 어떤 때에는 그렇지 않아. 기복이 있지. 하지만 스스로 그렇게 생각하지 않아. 그저 선생님이 자기를 불편하게 하는 날이 있다고 생각하지. 어때? 선생님의 고충을 조금은 알 것 같아?

이번 미션은 분위기를 봐서 수업 시작 전이나 끝난 뒤에 선생님에게

'선생님, 어떻게 지내세요? 별일 없으시죠?'라고 묻는 거야. 학급 친구들이 들을 수 있도록 말해야 해.

안부를 물었을 때 대답을 해 줄만한, 네가 편안하게 느끼는 선생님을 골라. 선생님이 좀 한가할 때 다가가. 쉬는 시간에 가도 괜찮을 거야.

선생님이 왜 갑자기 안부를 묻는지 되묻더라도 겁내지 마. 너는 선생님에게 관심을 갖도록 하는 혁명 미션을 하고 있는 중이니까. 하루에 한 시간, 혹은 일주일에 세 시간 정도 함께 지내는 것만으로도 선생님께 이 정도 안부는 물을 수 있어. 이번 혁명은 선생님의 권위를 존중하되 선생님이 다가갈 수 없는 존재라고 생각할 필요는 없다는 점을 알려 주기 위한 거야. 선생님이 수업을 하지 않을 때는 다른 친구와 마찬가지로 함께 수다를 떨 수도 있어. 수다의 시작을 '어떻게 지내세요?'라는 물음으로 시작하는 거야.

우리의 몸은 다른 사람이 어떻게 행동하는지 보는 것만으로도 자기가 그 행동을 한 것과 똑같이 신경이 반응해. 이를 '거울신경'이라고 하지. 우리는 거울신경 덕분에 다른 사람이 느끼는 감정을 읽고, 공감할 수 있어. 어떤 감정을 느끼는 사람을 보면 나도 같은 기분이 드는 거지. 실은 너도 선생님의 기분이 어떤지 평소 어느 정도는 느껴 왔을 거야. 선생님도 마찬가지야.

이번 혁명의 두 번째 미션은 첫 번째보다 더 흥미롭고 중요해. 선생님이 너에게 하는 말을 잘 듣고 이해해 보는 거야. 어쩌면 선생님이 요즘 좀 힘들다거나, 작은 문제가 있다, 바쁘다, 걱정거리가 있다는 고백을 할 수도 있어. 그럴 때 선생님을 어려움에 처한 친구라 생각하고 도와줘 봐.

네가 선생님을 가장 크게 도울 수 있는 곳은 바로 교실이야. 할 일을 제대로 하지 않고, 수업 시간에 잘 웃지도 않고 바보 같이 구는 반 친구에게 덜 바보스럽게 굴라고 부탁해 봐. 간단히 말해서 반장 역할을 하라는 거야. 친구들이 수업 시간에 일으키는 반란을 제압하기 위한 혁명이라고 할 수 있겠지.

선생님이 어떤 생각을 할지 공감해 본 뒤 선생님을 존중하고 결점을 덮어 주자. 선생님이 너에게, 혹은 네가 친구들에게 하듯 말이야.

혹시 선생님들 행동이 잘못되었다고 생각해? 그래도 넌 그냥 혁명을 일으켜 봐. 선생님에게 가서 안부를 물어봐. 하지만 이런 선생님에게는 네가 잘 지내지 못한다고 말해. 선생님이 숙제를 너무 많이 내 주어서, 잘못한 친구를 야단쳐야 하는데 항상 나를 야단쳐서 잘 못 지낸다고 말이야.

쉽지는 않겠지만 이런 말도 할 줄 알아야 해. 불평하라는 게 아니라 솔직하게 말하라는 거야. 그리고 선생님이 잘못하고 있다고 엄마나 아빠에게 달려가 이르지 말아야 해.

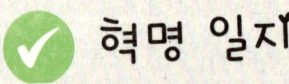 혁명 일지

선생님의 이름과 담당 과목명을 적어 봐. 안부를 물었을 때 선생님의 대답, 선생님을 도왔다면 어떤 것을 도왔는지도 적어 봐.

혁명 능력 점수		혁명 준비
반기 들기	●●●	빨리 준비할 수 있음
지구 보호하기	●	**혁명 기간**
솔선수범하기	●●●●●	한 번
절약하기	●	
정보 수집하기	●●	

추천하는 책
『잘못 걸린 선생님』, 이은재 글 신민재 그림

혁명 16

모두에게 공 패스하기

축구나 농구, 배구 같은 운동은 재미와 동시에 우정과 용기, 책임감이 솟게 만드는 특별하고 독특한 팀 경기야. 하지만 항상 그런 건 아니지. 어떤 때는 재능이나 재능을 갖기 위한 아이디어, 이기심, 주인공이 되고 싶다는 누군가의 집착 때문에 모든 것을 망치기도 해. 넌 최고의 프로 선수처럼 축구를 잘 하고 싶은데 한 친구가 실력이 부족해 문제라고 생각할 수 있어. 다른 친구들의 생각도 마찬가지여서 팀을 짤 때 아무도 그 친구를 선택하지 않은 적이 있었을 지도 모르겠군. 마음은 축구 선수처럼 운동장을 휘젓고 다니고 싶지만 몸이 따라 주지 않는 친구도 있기 마련이거든.

지금껏 혁명을 잘 일으켜 왔다면 이제 너도 도리에 어긋나는 일이 벌어졌을 때에 혁명이 필요하다는 걸 알게 되었을 거야. 이번 혁명은 바로 부족한 사람들을 위한 혁명이야. 부족한 사람들에게 힘을 주는 거지.

이 혁명을 해내려면 팀 동료들과 공, 위치 감각, 그리고 정의에 대한 감각도 필요해. 네 실력이 얼마나 뛰어난지 제대로 아는 사람은 너 자신뿐이야. 다른 친구들이 너와 같이 행동하도록 하려면 어떻게 설득해야 할지도 네가 가장 잘 알 거야. 네가 실력이 좋은 편이 아니라면 너무 고집부리지 마. 도리어 친구들에게 불쾌감만 줄 수 있어. 하지만 네가 꽤 실력이 좋은 선수라면 이 방법을 한번 시도해 봐. 두 주장이 선수를 선택해 팀을 나눌 때, 가장 약한 선수를 먼저 선택해. 네가 주장이 아니라 해도 네가 속한 팀의 주장에게 그 약한 선수를 뽑자고 제안해 볼 수 있을 거야. 잘 못하는 친구가 끼면 분명히 질 거라고 이의를 제기할 수도 있어. 그러면 너는 '난 아니라고 생각해. 한번 믿어 보자.'고 설득해 봐.

그렇게 팀이 구성된 뒤가 정말 중요해. 너는 혼자 다 할 수 있다고 믿는 친구들이 겸손해지게 만들어야 해. 친구들이 패스를 하지 않을 때마다 '패스해!'라고 계속 소리쳐. 그리고 잘하는 친구들이 자기들끼리 경기를 하기 시작하면 노골적으로 불만을 터뜨려. 그러다 너에게 공이 오면 다른 모든 친구들에게, 실력이 그리 좋지 않은 친구들을 포함해 너와 같은 팀 선수들에게 적어도 한 번씩은 공을 보내. 모두가 경기를 하고 체면을 세울 기회를 주도록 해 봐. 네가 속한 팀의 에이스가 좋은 위치에 있는지 여부는 중요하지 않아. 팀은 모든 구성원이 자기도 무엇인가를 맡고 있다 느낄 때 강해지는 법이거든. 팀원들에게 따돌림 당한다고 느끼는 사람이 있다면 결코 그 팀은 강해질 수 없어. 네 임무는 그런 생각을 바로잡는 거야. 물론 당장은 경기에서 패배할 수도 있지만 어느 순간 너희 팀은 그 어느 팀보다 강해져 있을 거야

 혁명 일지

팀 선수들의 이름과 약점, 강점을 적어 봐.

이름	약점	기술

혁명 능력 점수
반기 들기 ● ●
지구 보호하기 ●
솔선수범하기 ● ● ● ● ●
절약하기 ● ● ● ●
정보 수집하기 ●

혁명 준비
빨리 준비할 수 있음

혁명 기간
태도가 바뀔 때까지

추천하는 책
『이겨야 꼭 행복할까?』 프랭크 J. 실리오 글, 케리 필로 그림

혁명 17

옛날에 유행했던 노래 듣고 책 읽기

옛날 노래는 별로니 최신 유행곡만 듣자고 하는 친구가 있어? 50년 전에 출간된 책은 요즘 책보다 지루하다고 하는 친구는? 유행을 거부하기는 쉽지 않지. 하지만 이런 노력은 여러 모로 너에게 유용할 수 있어. 돈도 절약되고 말이야.

이번 혁명은 간단하게 실행할 수 있어. 엄마나 아빠에게 어떤 가수를 좋아했는지, 어떤 그룹을 좋아했는지 물어봐. 왜 좋아했는지도 물어봐. 어떤 노래, 어떤 책을 좋아했는지, 왜 좋아했는지 물어봐. 그리고 부모님이 말한 음악과 책을 찾아봐. 혼자 찾기 어렵다면 부모님께 도움을 청하자. 부모님이 음악 애호가라면 집에서 전축 같은 음향기기로 음악을 듣게 해달라고 해.

그럼 이번 혁명은 벌써 끝난 거나 마찬가지야. 남은 건 처음부터 끝까지 아주 집중해서 잘 듣고, 잘 읽기만 하면 되거든. 듣고 읽은 뒤에는 감상평을 나눠 봐. 예를 들면 '이 책은 이 책과 비슷해요.'라든가, '이 노래를 들으니 XX가 떠올라요.', '최근에 이 노래를 리메이크한 그룹이 있어요.' 같은 이야기를 나눌 수 있을 거야.

최근 일부 대학에서는 집에서 음악과 책에 대해 대화를 하는 사람이 좋은 직장을 더 쉽게 구한다는 연구 결과를 발표한 바가 있대. 그러니 예전에 유행했던 노래나 책에 빠져 봐.

 혁명 일지

누구에게 부탁했는지, 무엇을 찾았는지 적어 봐.

부탁한 사람: ....
선택한 책: ....
저자: ....

감상평: ....
....

부탁한 사람: ....
선택한 노래: ....
작사 작곡가: ....
감상평: ....
....

혁명 능력 점수 반기 들기 ●●●● 지구 보호하기 ● 솔선수범하기 ● 절약하기 ●●● 정보 수집하기 ●●●●●	**혁명 준비** 별로 어렵지 않음 **혁명 기간** 부모님 한 분당 한 번

추천하는 영화
〈스쿨 오브 락〉, 리처드 링클레이터 감독

혁명 18

내가 태어나게 된 이야기 조사하기

이번에는 길게 말 돌리지 않을게. 오늘 당장 행동으로 옮겨 보자. 부끄러울 수도 있겠지만 네가 어떻게 태어났는지, 왜 태어났는지 부모님과 이야기해 보는 거야. 준비됐어?

네가 어떻게 하면 되는지 알려 줄게. 먼저 엄마나 아빠를 소파에 앉히고 이렇게 질문하자. '저는 어떻게, 태어났나요? 왜 아기를 한 명, 혹은 세쌍둥이를 낳기로 하신 건가요?(네가 외동딸, 외동아들, 혹은 세쌍둥이인지에 따라 질문이 달라지겠지?) 제가 무엇이 될 거라고 생각하셨나요? 그리고 아이가 생긴 것은 언제 아셨나요? 임신한 사실을 알았을 때 어떻게 반응했었나요? 왜 할머니에게는 아무 말씀도 안 하셨나

요?(이 질문은 부모님이 할머니에게 아무 말도 안 했을 경우에만 물을 수 있겠지?)'

　부모님이 대답을 하지 않으려 애쓰거나 애매하게 대답할 수 있어. 그런다고 포기하면 안 돼. 인류 역사 상 1천70억 명이 살아 왔다는 걸 명심해. 네가 이 세상에 태어난 첫 번째 인간도, 마지막 인간도 아니니 특별할 것은 없어.

꼬치꼬치 물어봐. 학교에서 그러라고 했다고 둘러대. 이 정도의 구실은 언제든 붙일 수 있으니까. 아마 이미 숨겼겠지만, 이 책은 잘 숨겨 두고 물어봐야 해. 너는 한 아기가 탄생하면서부터 부모님의 인생이 완전히 달라지게 되었다는 걸 알아야 해. 자유롭고 행복했던 두 사람이 어느 날 갑자기 아주 바빠지게 되었지. 여전히 행복하기는 하지만 아주 다른 방식의 행복을 느끼게 되는 시점이거든. 그리고 아주 많은 문제들이 생기지. 그러니 질문을 하고 엄마나 아빠의 대답을 듣고 부모님의 얼굴을 들여다봐. 너에 대해 말하거나, 할 말을 찾고 있을 때 부모님의 눈을 관찰해.

　그 눈동자 속에서 너는 위대한 혁명의 기억을 목격하게 될 거야.

　한 가지 더 도전하고 싶다면 부모님을 안아 드리고 두 분은 정말 최고로 훌륭한 생각을 한 거라고 말씀드려 보자.

✓ 혁명 일지

부모님께 들은 출생에 관한 이야기를 정리해 봐.

감정	출산 이전의 인생	출산 이후의 인생
....	....	....
....	....	....
....	....	....
....	....	....
....	....	....

혁명 능력 점수
반기 들기   ●●●
지구 보호하기   ●
솔선수범하기   ●
절약하기   ●
정보 수집하기   ●●●●●

혁명 준비
바로 시작할 수 있음

혁명 기간
한 번

추천하는 책
『씨스터즈』, 레이나 텔게마이어 글 그림

혁명 19

동네 청소하기

우리가 사는 세상은 사방에 쓰레기가 가득해. 꽤 지저분하고 불쾌한 상황이지. 하지만 불평만 할 게 아니라 스스로 할 수 있는 일을 생각해야 해. 그리고 또 한 가지, 한 사람이 본보기를 보이는 것도 중요하지만 모둠의 협조자들이 함께할 때 더욱 의미 있는 혁명이 될 거야. 모둠의 협조자들과 함께 종이 줍기 혁명을 시작하자!

필요한 것
- 작업용 장갑
- 장화

- 방수 의류
- 분리수거용 자루
- 봉투 여러 장
- 최소 한 명 이상의 어른
- 금방 에너지를 공급해 줄 초콜릿.

이번 혁명을 위해 환경 지킴이 모둠을 결성해 도랑이나 거리, 하수구, 숲 등 집과 가까운 동네를 청소하자. 외딴곳이나 가기 어려운 곳을 선택하면 안 된다는 것, 어른이 도움을 받아야 한다는 것을 명심해. 특히 쓰레기를 매립하러 갈 때에는 반드시 어른의 도움이 필요해.

그럼 시작해 보자. 쓰레기를 주우러 갈 장소를 확인하고 모둠을 구성한 뒤, 지역 관할 구청에 연락하자. 네가 하려는 일을 알리되, 공무원들이 당황하지 않도록 해야 해. 안 그랬다가는 청소를 하다 말고 집으로 돌아가야 하는 상황이 발생할지도 몰라.

아마 일요일이 가장 적당할 거야. 모둠의 협조자들과 역할을 분담하자. 누구는 청소할 지역을 순회하면서 작고 처리하기 쉬운 쓰레기를 줍고, 누구는 좀 더 크고 심각한 쓰레기를 맡고, 누구는 작은 쓰레기를 줍는 친구들에게서 봉투를 받아 묶은 뒤 운반해 주는 역할을 맡으면 될 거야. 30분마다 서로 역할을 바꾸어 봐. 한 시간 정도 지난 후에는 물을 마시고 초콜릿도 한 조각 먹고, 청소 작업의 진행 상태도 체크하면서 10분간 휴식 시간을 갖자. 이 혁명은 상당히 중요해. 쓰레기가 분해되는 데 걸리는 시간만 생각해 봐도 이해가 될 거야. 아래의 예시를 살펴보자. 깜짝 놀라게 될 거야.

- 종이 상자: 2개월
- 담배 필터: 1~5년
- 비닐봉지: 10~20년
- 금속 캔: 50년
- 알루미늄 캔: 200년
- 낚싯줄: 600년

한 가지 더 도전해 보고 싶다면 청소를 하는 동안 발견한 이상하고 황당한 쓰레기들의 사진을 찍어서 학교 친구들에게 보여 주자. 그리고 수거한 쓰레기를 어떻게 처리했는지도 설명해 주는 거야. 그러고서 다음 일요일에 함께 청소할 협조자들을 최소 네 명 더 모집해 봐.

 혁명 일지

기념사진을 찍어 붙여 봐. 환경 지킴이 모둠에 어울리는 멋진 이름도 지어 봐.

혁명 능력 점수

반기 들기 ● ●
지구 보호하기 ● ● ● ● ●
솔선수범하기 ● ● ● ● ●
절약하기 ● ● ●
정보 수집하기 ●

혁명 준비
별로 어렵지 않음

혁명 기간
한 번

추천하는 영화
〈트래쉬〉, 스티븐 달드리 감독

혁명 20

포털 사이트 검색창 사용하지 않기

인터넷 포털 사이트의 검색창은 인류가 발명한 탁월한 도구이기는 하지만, 네가 사용할 수 있는 유일한 검색 수단은 아니야. 어떤 일을 하기 위한 방법이 단 하나뿐이라고 해도 정말 그게 전부라고 믿으면 안 돼. '구글'이나 '네이버'처럼 사람들이 많이 사용하는 검색창은 지식을 평이하게 만드는 문제를 가지고 있어. 사실 이런 검색창을 통해 찾은 정보는 어느 정도 괜찮은 정보이기는 해. 하지만 항상 그런 건 아니라는 거야. 세계 여러 곳의 사람들은 다양한 정보를 가지고 있어. 검색창을 통해 검색되지 않는 정보들도 많다는 거지. 언제든 편하고 빠르게 찾아볼 수는 있겠지만 혁명가라면 편한 것에만 안주해서는 안 되겠지? 이제 우리 혁명가들이 모두에게 본보기가 될 행동을 할 때가 왔어. 포털 사이트 검색창을 사용하지 않고 조사를 실시해 보는 거야!

학교에서 숙제를 내 주면 이제까지와 다른 방법으로 조사해 봐.

1) 인터넷 검색을 해 보기는 하되, '구글'이나 '네이버', '다음'과 같은 주요 포털 사이트 외의 검색창을 통해 검색해 보자.

2) 도서관에 가서 진짜 백과사전을 찾아보자.

3) 주위 사람들에게 물어보자.

첫 번째 방법이 가장 빠르고 효율적이기는 하겠지만 재미는 덜 할 거야. 네가 조사하려는 내용의 키워드를 입력해 관련 사이트만 살펴보면 되니까. 히타이트 족에 대해 조사해야 해? 그럼 '히타이트'라는 명사를 출발점으로 역사적 시기, 종교와 지리 분야로 이동하면서 정보를 검색해 봐. 이때 여러 사이트를 찾아보고 책도 읽고 영상과 박물관 사진도 보면서 너에게 필요한 정보들을 검색하자. 두 번째와 세 번째 방법은 덜 빠르고 더 힘들지만 더 나은 방법인 경우도 있어. 우선은 집에서 나와 도서관으로 향하며 코에 바람도 넣을 수도 있고 말이야. 백과사전에서 필요한 내용을 찾아 직접 손으로 옮겨 적어 보자.

아니면 사람들에게 직접 물어보자. 모르는 사람들에게 질문을 하는 것은 사실 겁이 날 수 있어. 하지만 물어봐야 해. 아마 최선을 다해 질문에 답해 줄 거야. 네가 궁금해 하는 내용을 더 잘 아는 누군가를 소개해 줄 수도 있어. 그럼 너는 또 그 사람을 찾아가고…… 이런 식으로 만나야 할 사람들이 생기다 보면 나중에는 여러 사람들과 새로운 연락망이 만들어질 수도 있어. 이런 연락망은 혁명가에게 있어 정말 소중한 보물이

야! 그리고 이렇게 조사한 결과는 세상에 하나뿐인 너만의 조사가 될 거야. 네가 스스로 반죽을 해서 피자를 만들어 먹는 것과 냉동 피자를 전자레인지에 데워 먹는 것과의 차이라고나 할까? 설마 전자레인지에 데운 냉동 피자가 더 좋다고 하지는 않겠지? 그건 혁명가다운 생각이 아니야. 네가 진정한 혁명가라면 반죽을 발효시키는 법부터 배워서 피자를 직접 만들어 보는 법에 관심을 가져야 해.

✓ 혁명 일지

조사 주제와 조사 방법을 적어 보자.

....
....
....

혁명 능력 점수
반기 들기	●●●
지구 보호하기	●
솔선수범하기	●
절약하기	●
정보 수집하기	●●●●●

혁명 준비
준비하는 데 오래 걸림

혁명 기간
한 번

추천하는 책
『레몬첼로 도서관 탈출 게임』, 크리스 그라번스타인 글

혁명 21

거짓말 하지 않기

누구나 거짓말은 할 수 있어. 간혹 거짓말을 할 수밖에 없을 때도 있으니까. 어른들은 거짓말을 하면 코가 길어진다고 겁을 주기도 하지만 그게 사실이 아니라는 것쯤은 너도 이제 알 거야. 어른들은 다른 방식으로 표현하며 거짓말을 해. 주차장까지 가기 귀찮아서 남의 집 앞에 주차를 하고는 '죄송해요, 다른 데 자리가 없어서 여기 잠깐 주차했어요.'라고 둘러대. 어딘가에서 줄을 서 있는데 험상궂은 남자가 끼어들면 '아, 괜찮아요. 원래 앞에 계셨잖아요, 괜찮습니다.'라고 용기가 없어 거짓말을 할 때도 있어. 선거에 나온 정치인들은 '제가 당선이 되면 세상 모든 문제를 해결하겠습니다!' 같은 말로 유권자들을 낚기도

해. '기후 변화가 일어나고 있다는 건 사실이 아니야. 환경을 지킬 필요 없으니 마음껏 써.' 같은 잘못된 정보를 흘리기도 하지. 보다시피 거짓말은 어디에나 있어. 블로그나 메신저에는 거짓 정보가 너무 많아서 어떤 게 진실인지 찾기가 어려울 정도가 되었어.

상황이 이렇다 보니 네가 해결할 수 있는 문제는 없어 보이지.

하지만 정말 그럴까?

그렇지 않아. 네 힘으로 할 수 있는 것부터 시작해 보자. 너부터 시작한다는 게 중요한 거야.

네가 할 수 있는 첫 번째 혁명은 거짓말의 편리함을 거부하는 거야. 부모님이 '숙제 다 했니?'라고 물을 때 컴퓨터 앞에서 더 놀고 싶어 '네!'라고 거짓말을 하곤 하지? '텔레비전 너무 많이 보는 것 아니니?'라고 물으면 '아니요.'라고 대답하고 말이야. 그러면 한 시간 정도는 텔레비전을 더 볼 수 있을지도 모르지.

이제 그런 거짓말은 하지 마. 하루에 한 번씩 거짓말을 줄여 봐. 그리고 조금 익숙해지면 '거짓말 없는 날'을 정해 보자. 일단 거짓말을 하지 않는 방법을 알게 되면 다음 혁명에 들어가자.

다른 사람들의 거짓말에 동조하지 말자. 학교 친구들부터 시작하면 될 거야. 친구들 중에 다른 친구 험담하기를 좋아하는 친구가 분명 한 명은 있어. 친구를 놀리고 비웃고, 나쁜 이야기만 하며 불쌍한 친구를 따돌리는 그런 아이 말이야. '스테파노 정말 못생기지 않았어?' 이런 식으로 말이야.

이런 말을 할 필요가 있을까? 아마 스테파노는 못생기지 않았을 거야. 그저 괴롭히려고 그런 말을

했을 가능성이 크지. 설령 스테파노가 정말 못생겼다 해도 그런 말을 해서 달라지는 건 없잖아.

험담을 하는 상황은 각별히 주의해야 해. 너도 누군가의 험담을 들어본 적이 있을 거야. '로사가 마르코랑 데이트를 했는데, 사실은 조반니를 좋아하는 거 알아?' 같은 말을 들을 때 어떻게 해? '넌 그걸 어떻게 알아? 누구한테 들었어? 네가 지어낸 거 아냐?'라고 되물어 봐. 그리고 그 말이 사실인지 조사하는 거야. 더 많은 것을 물어봐. 적극적으로 관심을 보이면서 관련이 있는 친구들에게 물어 진실을 알아내자.

이렇게 해 보면 험담의 근원을 알아낼 수 있을 거야. 험담을 하고 다닌 친구를 어떻게 하는 건 목적이 아니야. 그 친구 역시 어릴 때부터 알고 지낸 친구일 수 있잖아.

험담하는 친구가 도리어 너에게 적의를 품고 너를 다음 거짓말의 대상으로 삼을 수도 있어. 하지만 너는 혁명가이니 이런 문제에도 대비하고 있어야 해. 적당한 때에 진실을 주장해.

다른 험담이 돌지 않도록 말을 옮기지 말고, 누가 같은 험담을 또 해도 관심을 보이지 마.

그러면 조금씩 네 주위 친구들이 험담을 하며 재미를 찾는 일을 그만둘 거야. 그리고 험담이 아닌 다른 이야기를 하게 될 거야.

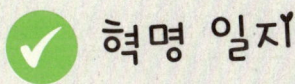 혁명 일지

하려다 만 거짓말을 적어 보자. 그리고 남의 험담을 듣긴 했지만 믿지 않았던 예도 적어 보자.

거짓말	험담
....	....
....	....
....	....
....	....
....	....
....	....

혁명 능력 점수
반기 들기   ●●●●●
지구 보호하기   ●●●●
솔선수범하기   ●●●
절약하기   ●
정보 수집하기   ●●●●●

혁명 준비
바로 시작할 수 있음

혁명 기간
태도가 바뀔 때까지

추천하는 책
『거꾸로 걸리는 주문』, 고수산나 글, 배현정 그림

혁명 22

시장님 만나기

요즘 가장 큰 사회 문제 중 하나가 뭐라고 생각해? 정치가 사람들을 신경쓰지 않는다는 거야. 사람들 역시 정치에 별로 관심을 두지 않지. 하지만 모두가 정치와 멀어지면 세상이 잘 돌아가고 있는지 어떻게 확인할 수 있겠어? 다른 사람들이 어떤 문제를 겪고 있는지도 알 수 없고 말이야. 너와 네가 속한 모둠은 혁명가답게 정치적인 문제에도 손을 대길 추천해. 방법을 알려 줄게.

1. 네가 사는 동네의 시장님과 약속을 잡자. 메일을 보내면 될 거야.
2. 시장님과 인터뷰를 해 보자.
3. 반드시 이루어져야 한다고 생각하는 동네의 문제들을 적은 목록

을 시장님에게 보여 주자.

4. 시장님에게 그 중 세 가지를 지켜 달라고 다짐을 받자.

5. 그 뒤로 세 가지 약속이 지켜지는지 확인하자.

네가 사는 동네의 시장님과 인터뷰를 하려면 '문화 프로젝트' 같은 것 때문에 인터뷰를 해야 한다며 구실을 대는 게 적당할 거야. 이게 아마 시장님을 만날 수 있는 유일한 방법일 거야. 작은 도시라면 시장님과 약속 잡기가 생각보다 간단할 수도 있어. 대도시에 산다면 부시장이나 평의원을 만나는 것도 괜찮아. 평의원이 누구인지 모른다면 지금 당장 지역 자치 행정부 사이트에 들어가서 검색해 보자.

인터뷰는 사실 구실로 내세운 것이긴 하지만 질문 내용을 잘 준비해 가야 해. 네가 사는 지역의 행정이 어떻게 돌아가는지, 왜 일부 일들이 원칙대로 되지 않는지 흥미를 끌 수 있는 질문이어야 해. 공원이 별로 없는 이유, 공원 관리가 제대로 되지 않는 이유, 어린이들이 공놀이를 하는 공터에 차량이 지나다니지 않는지 묻는 것도 괜찮을 것 같네. 시장님의 답변을 적을 메모지를 준비하거나, 인터뷰 내용을 녹음할 녹음기를 준비하는 것도 좋을 거야.

시장님과 만나면 자기소개를 잘 하자. 부자연스러울 만큼 꾸밀 필요는 없지만 깨끗한 옷을 차려입고 머리도 단정히 하고 가. 존중을 받고 싶으면 존중하는 태도를 보여야 해. 시장님과 대화를 시작하거든 세 가지 작은 약속을 받아내는 데 집중해. 네가 마음속에 품고 갔던 동네의 문제 세 가지 말이야. 공원에 개들이 놀 수 있는 공간을 마련해 달라, 자전거 페스티벌을 열어 달라, 축구 시합이나 힙합 댄스 경연 대회를 열어 달라 등등 네가 원하는 것을 세 가지로 정리해 봐. 세 가지가 생각나지 않는다면 친구들이나 댄스 동아리, 혹은 축구 동아리 친구들에게 물어보자. 무엇이 부족한지, 어떤 것이 필요한지 물어보고 정부에서 도울 수 있는 일을 찾아보는 거야.

시장님께 부탁하고, 설득해서 세 가지 약속을 받아 내. 정 어려우면 그중 한 가지만, 대신 가장 굵직한 일을 약속 받자.

약속을 받았으면 감사 인사를 하고 밖으로 나와. 이제부터 더 재미있는 일을 시작하게 될 거야. 곧바로 그다음 약속을 3개월 후로 잡는 거야. 3개월 동안 너는 약속한 일이 어떻게 진행되는지 지켜봐야 해.

그리고 3개월 후, 약속을 지켰는지 확인하러 가야겠지? 축하와 파티를 위한 자리가 될 수도 있지만 다시 한 번 주장을 펼치고 설득해야 하는 자리가 될 수도 있어.

한 가지 더 도전하고 싶다면 세 가지 약속을 적은 후 시장님의 서명을 받아 보자.

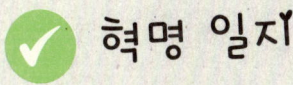 **혁명 일지**

시장님께 부탁할 약속 세 가지를 적어 보자.

1) ....

2) ....

3) ....

혁명 능력 점수		혁명 준비
반기 들기	●	준비하는 데 오래 걸림
지구 보호하기	●●●●●	**혁명 기간**
솔선수범하기	●●●●	한 번
절약하기	●	
정보 수집하기	●●●	

추천하는 책
『대통령 아저씨와 저녁을!』, 얀 망스 글

혁명 23

미소의 날 정하기

정말 짜증이 나고 우울하고, 하는 일마다 다 잘못되는 날이 있어. 이런 날은 정말 미소를 짓기 힘들어. 바로 그런 날이 이 혁명이 필요한 날이야! 이번 혁명은 스스로 미소를 짓고, 다른 사람들도 미소 짓게 하는 거야. 쉽지만은 않을 거야. 네가 웃는 것과 남을 웃게 만드는 건 매우 다른 일이거든.

이번 미션은 약간의 용기와 뻔뻔함이 필요해. 너와의 거리가 1미터 내로 다가오는 사람과 눈을 맞추고, 그와 동시에 멋진 미소를 지어 보여야 하거든. 이 간단한 행동이 불러일으키는 반응을 지켜보면 정말 놀라게 될 거야. 미소는 친절을 기대할 수 있게 만들거든. 다른 사람들도 미소를 짓게 될 거야. 사람들이 너에게 미소를 짓는 이유를 묻거든 너는 혁명가이고 우리를 둘러싸고 있는 우울한 분위기를 바꾸는 중이라고 답해. 한 연구에 따르면 자연스러운 미소가 얼굴의 나이를 최소 3년까지 젊어지게 만들고, 수명도 7년 정도 길어지게 만든다고 해. 나쁜 점이 하나도 없군! 그러니 우리 미소를 지어 보자.

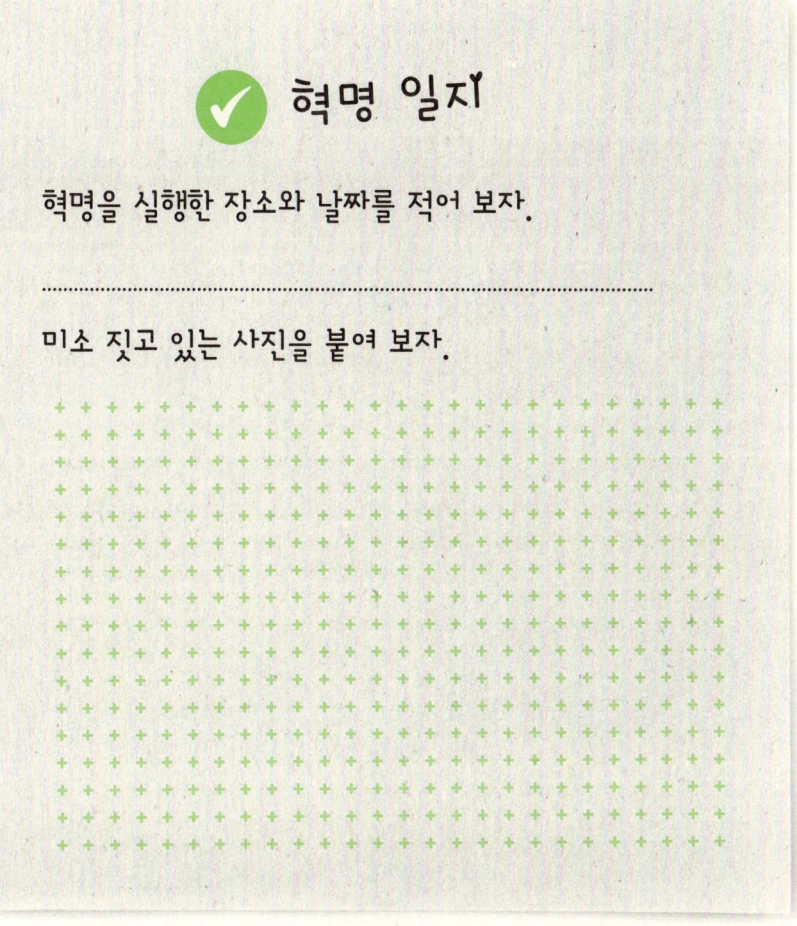

✅ 혁명 일지

혁명을 실행한 장소와 날짜를 적어 보자.

미소 짓고 있는 사진을 붙여 보자.

혁명 능력 점수		혁명 준비
반기 들기	●●●●	빨리 준비할 수 있음
지구 보호하기	●	**혁명 기간**
솔선수범하기	●●●●	한 달 중 하루
절약하기	●●	
정보 수집하기	●●	

추천하는 책

『아름다운 아이』, R. J. 팔라치오 글

혁명 24

유행에 따르지 않기

패션의 도시 이탈리아는 패션 산업을 통해 유럽의 경제를 좌지우지해. 어떻게 그럴 수 있냐고? 너를 비롯한 우리가 그렇게 만들고 있어. 네가 지금 입고 있는 옷을 봐. 브랜드 제품이 몇 개나 돼? 유명 브랜드 티셔츠야? 재킷은? 신발은 어때? 설마 명품 팬티를 입고 있어? 멋지게 소화했는지 궁금하군. 네가 입은 옷에 붙은 모든 브랜드, 그러니까 상표가 모여 패션이 되는 거야. 상표가 있는 옷을 입는다고 해서 나쁠 것은 전혀 없어. 다만 유행하는 물건을 하나도 갖고 있지 않다고 해서 잘못되었다고 생각하는 건 현명하지 않아. 유행하는 상표라는 이유만으로 청바지나 티셔츠 하나에 너무 많은 돈을 쓰는 것도 현명하지 않기는 마찬가지야.

  너도 이제 현명한 혁명가의 반열에 올랐으니 유행에 따르려고 너무 애쓰지 않기를 바라.

이번 혁명은 간단해. 신발이나 티셔츠, 청바지를 사야할 때 유명한 브랜드가 아닌 그와 비슷한 스타일의 저렴하고 거의 알려지지 않은 브랜드의 옷을 선택하면 돼.

네가 좋아하는 축구 선수나 아이돌이 입은 티셔츠가 없어도 상관없어. 사실 그런 유명한 사람들은 직접 옷을 고르는 것이 아니라 어떤 옷을 입어 주고 돈을 받는 경우가 많단다! 그러니 브랜드에 연연하지 말고 네가 입고 싶은 옷을 찾아 빈티지숍이나 시장을 한 바퀴 돌아 보자. 국내 브랜드 옷을 구입해 보자.

  이외에도 할 수 있는 일은 많아. 예를 들면 옷을 물려 입는 방법도 있어. 가족 중 누군가 더 이상 사이즈가 맞지 않아 입지 않는 옷을 내놓는 경우가 종종 있을 거야. 그럼 그 옷들을 그냥 버리는 게 현명할까? 네 마음에 드는 게 있다면 물려 입는 거야. 그러면 너는 옷이 수명을 다할 위기에서 구해주는 한편, 빈티지한 역사의 한 조각을 입게 되는 거야. 혹여나 누가 네 패션을 유행에 뒤처진다고 말하면, '넌 빈티지를 모르는구나.' 하고 콧방귀를 뀌어 주렴.

혁명 일지

유명 브랜드 옷과 중저가 브랜드 옷 다섯 벌의 가격을 적고 비교해 보자.

옷의 종류	유명 브랜드	중저가 브랜드
스웨터	....	....
티셔츠	....	....
셔츠	....	....
바지	....	....
신발	....	....

혁명 능력 점수
반기 들기 ●●●●●
지구 보호하기 ●●
솔선수범하기 ●●●●
절약하기 ●●●●●
정보 수집하기 ●●●

혁명 준비
빨리 준비할 수 있음

혁명 기간
습관이 몸에 밸 때까지

추천하는 책
『청바지 돌려 입기』, 앤 브래셰어즈 글

혁명 25

어르신들에게 이야기 듣기

책과 인터넷은 세상을 알기에 더없이 좋은 멋진 수단이지만 직접적인 경험만은 못해. 나이가 지긋한 어르신들은 살아오며 커다란 사건 사고를 직접 겪어 왔을 테니 그분들의 이야기를 듣는 것도 멋진 혁명이 될 수 있어.

그럼 네가 해야 할 일을 살펴볼까? 연세가 많은 할아버지나 할머니를 찾아가 일생 동안 겪은 큰 사건들을 이야기해 달라고 부탁하자. 어르신들에게 허락을 구한 뒤 이야기를 녹음을 하거나 영상을 찍어 기록으로 남겨 봐. 작은 녹음기 하나만 있어도 충분해. 영상을 찍을 때는 반드시 먼저 허락을 구하고 캠코더를 준비하는 거 잊지 마.

여기까지가 너의 첫 번째 미션이야. 그런데 두 번째 미션이 또 있어. 어르신들은 사투리로 말할 가능성이 높아. 이야기를 가만히 듣고 있지만 말고 사투리를 열 가지 정도 가르쳐 달라고 해 보자. 사투리를 모두 배웠으면 너도 사용해 봐.

그런데 이런 연세 지긋한 분들은 어디서 찾을 수 있을까? 가족 중에서 찾을 수 있을 확률이 90%지. 그렇다고 엄마에게 물으면 안 돼. 할머니 취급한다며 화를 낼 거야. 할아버지, 할머니나 큰고모에게 부탁하자. 네가 진취적인 혁명가라면 9번 혁명과 연계해 어르신들에게 이야기를 들어볼 수 있을 거야. 가까운 경로당이나 요양원에 가서 부탁하는 거지. 그분들에게 그저 네가 호기심이 많아 이야기를 듣고 싶어서 그런다고 말해. 자초지종을 설명하는 건 중요한 일이야.

다른 조언도 몇 가지 적어 볼게.
- 이야기를 시작하기 전에 어떤 내용인지 물어봐. 어르신들은 이야기가 다른 곳으로 새는 경우가 있으니 네가 다시 원래 이야기로 돌아올 수 있도록 도와드려야 해.
- 마실 것을 가져가자. 어떤 음료를 드실 수 있고, 어떤 음료를 드시면 안 되는지 미리 알아보자.
- 메모지를 가져가서 너의 느낌이나 기분의 변화를 기록하자.

이야기를 녹음했으면 안전하게 집에 보관하거나 학교에 가져가서 반 친구들과 함께 들어 보자. 이것으로 혁명은 완료야.

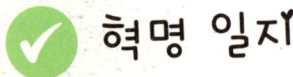 혁명 일지

이야기를 들려주신 분의 이름, 이야기 내용, 어떻게 기록했는지를 적어 보자.

....
....
....

네가 배운 사투리와 그 뜻을 적어 보자.

1) ....
2) ....
3) ....

혁명 능력 점수
반기 들기   ● ●
지구 보호하기   ●
솔선수범하기   ● ● ●
절약하기   ● ●
정보 수집하기   ● ● ● ●

혁명 준비
준비하는 데 오래 걸림

혁명 기간
세 번

추천하는 영화
〈업(Up)〉, 피트 닥터, 밥 피터슨 감독

혁명 26

분리수거 달인 되기

이번 혁명을 위해 집에 식료품 창고 진열장을 체크해 봐. 어떤 식재료가 있어? 종이 상자에 든 과자, 통조림에 든 참치, 비닐 봉투에 든 파스타 같은 게 있을 거야. 네가 이런 음식들을 먹는다면 식사가 끝난 후에 처리해야 할 종이, 캔, 비닐 쓰레기가 생길 거야. 이런 포장재료들은 빠른 시간 안에 편리하게 장을 볼 수 있도록 도와주기는 하지만 사실 반드시 필요한 건 아니야. 네가 서점에서 책을 사는 게 아니라 온라인 서점으로 주문을 할 경우 책을 구겨지지 않게 보내기 위한 각종 포장재와 종이 박스가 함께 오지? 운동화를 사더라도 포장지가 가득한 종이 상자에 담긴 신발을 커다란 봉투에 넣어 가지고 오고 말이야.

아주 옛날에는 물건을 사도 포장이 없었어. 물건만 있었지. 심지어 필요한 물건을 항상 찾을 수 있는 게 아니라서 물건만 구해도 운이 좋다고 생각했던 시절이 있어. 쓰레기로 나올 법한 것은 벽돌이나 돌, 건축자재, 녹여서 다시 쓸 수 있는 철이나 난방용으로 뗄 수라도 있는 나무 같은 것들이었지. 이처럼 예전에는 사람들이 직접 태울 수 있는 수준의 쓰레기만 발생했어. 하지만 요즘은 불필요한 쓰레기가 너무 많은 데다가 함부로 태울 수 없는 물건들이 많아. 그래서 이번 혁명을 준비했어. 분리수거 달인 되기!

쓰레기를 어떻게 처리해야 하는지 알려 줄게. 종이와 박스, 플라스틱, 유리, 알루미늄 캔과 같은 쓰레기는 재활용 쓰레기 분리수거함에 버리면 돼. 젖은 쓰레기는 음식이 담겨 있던 비닐, 코 푼 휴지, 동물 사료로 쓸 수 없는 음식물 껍질 같은 것들이야. 이런 쓰레기는 일반 쓰레기 봉투에 담아 버리면 돼. 먹고 남은 음식 중에 동물 사료로 쓸 만한 것들, 예를 들어 사과 껍질이나 먹다 남긴 반찬, 채소 자투리 같은 것들은 재활용이 가능한 음식물 쓰레기야. 이런 음식물 쓰레기도 따로 모아 버려야 해. 정원이 있는 집에 산다면 정원 구석에 구덩이를 파서 너만의 음식물 쓰레기 비료통을 만들 수도 있을 거야. 음식물 쓰레기가 생길 때마다 거기에 모아 버리다 보면 몇 주 뒤 이런 일이 벌어질 거야.

  1) 지독한 냄새가 난다. 네가 버린 쓰레기가 분해되어 비료가 되기 시작했다는 증거야.

  2) 파리가 수없이 날아다닌다. 잘 썩고 있다는 뜻이지.

  3) 벌레가 기어 다닌다. 흙과 쓰레기가 잘 융합되고 있다는 뜻이야. 이쯤 되면 구덩이 위를 흙으로 덮고 옆에 새로운 구덩이를 파 쓰레기를 모으면 돼. 어때? 고약한 냄새가 날 것 같아 별로 시도하고 싶지 않

을지도 모르겠네. 자연이 언제나 아름답고 향기롭기만 한 건 아니라는 것도 배울 수 있는 기회라고 생각해.

  분리수거의 경우 네가 사는 동네의 분리수거일을 체크해야 할 거야. 재활용 쓰레기들을 수거해 가는 날에 맞춰 쓰레기를 종류별로 모아서 내놓도록 하자.

  이 모든 과정을 해냈다면 넌 분리수거 달인이 되어 있을 거야. 축하해. 참, 아직 미션이 하나 더 남았어. 방이나 주방에 커다란 종이를 한 장 붙여 두고 네가 버린 쓰레기의 양을 기록해 봐.

  부모님께 쓰레기를 열 봉지 버릴 때마다 작은 상을 달라고 해 봐. 상을 주기가 어렵다면 칭찬이라도 해 달라고 해. 그리고 쓰레기를 버릴 때마다 어떤 물건을 많이 소비하는지, 얼마나 많은 쓰레기가 나오는지 확인해 봐. 생각보다 쓰레기가 엄청 많이 나왔니? 그럼 줄이도록 노력해 보자. 쓰레기를 재활용하는 것도 좋지만, 쓰레기를 덜 만드는 편이 훨씬 낫겠지? 영국에 사는 롭 화이트라는 사람은 1년에 쓰레기를 단 한 통만 버려서 유명해졌어. 이 신사야말로 진정한 달인이라고 할 수 있겠어.

  한 가지 더 도전하고 싶다면 쓰레기 처리장에 가서 더 이상 사용하지 않는 다양한 물건들이 어떻게 처리되는지 확인해 봐. 쓰레기 처리장 직원에게 처리 과정을 자세히 설명해 줄 수 있는지 물어 보고, 학교 친구들과 함께 쓰레기 처리장으로 견학을 가 보자.

 혁명 일지

분리수거 한 쓰레기를 그냥 일반 쓰레기 봉투에 담아 버릴 경우 양이 얼마나 되는지 알아보자.

쓰레기

.... 유리류
.... 종이류
.... 플라스틱류
.... 음식물 쓰레기

혁명 능력 점수		혁명 준비
반기 들기	●●●	준비하는 데 오래 걸림
지구 보호하기	●●●●●	**혁명 기간**
솔선수범하기	●●●●	습관이 몸에 밸 때까지
절약하기	●	
정보 수집하기	●●●●●	

추천하는 책
『쓰레기에서 레를 빼면 쓰기』, 신현경 글

혁명 27

함께 모여 게임하기

게임을 좋아하는 친구들이 많지? 게임은 이야기를 전개하는 방식이 새롭다 보니 한번 빠지면 시간 가는 줄 모르게 만드는 엄청난 장치야. 게다가 가격도 무척 비싸. 하지만 작은 혁명을 시작하면 이야기가 달라질 수 있어.

이미 게임기가 있다면, 온라인 게임은 그만 구입해. 온라인 게임은 다른 사람과 바꿔서 사용할 수 없기 때문이야. 대신 게임팩을 구입해 봐. 그리고 게임을 좋아하는 다른 친구들과 돈을 모아 공동 금고를 하나 만든 후, 게임팩 하나를 구입해서 다 같이 사용하는 거야. 게임을 누가 보관할 것인지는 순서를 정하면 돼. 중요한 규칙은 다 함께 있을 때만 게임을 해야 한다는 거야. 누가 게임을 보관하든 자기 방에서 혼자 게임을 해서는 안 돼. 게임팩을 함께 산 모임의 친구가 단 한 명도 없는 상태에서는 게임을 할 수 없는, 진정한 팀플레이를 이루어 가는 거지.

혁명 일지

게임팩을 함께 산 친구들의 이름과 기록을 적어 봐. 게임에서 누가 우승했는지, 어려운 미션이나 스테이지를 성공했다면 그것도 기록하자.

이름	기록	기타

혁명 능력 점수

반기 들기　　●●●
지구 보호하기　●
솔선수범하기　●
절약하기　　　●●●●●
정보 수집하기　●●●

혁명 준비
바로 시작할 수 있음

혁명 기간
습관이 몸에 밸 때까지

추천하는 책
『게임보다 더 재미있는 게 어디 있어!』, 채화영 글

혁명 28

책 교환하기

독서는 우리가 좋아하는 취미 중 하나야. 혼자 하는 취미지. 하지만 진정한 혁명가는 이런 편견을 뒤집어 공동의 취미로 변화시킬 수 있어. 독서 동아리를 만들면 가능해.

사람마다 좋아하는 책이 제각각일 거야. 하지만 친한 친구라면 서로의 취향도 어느 정도 알고 있겠지? 네가 읽은 책, 그리고 집에 있는 책 목록을 준비해서 친구들이 이용할 수 있도록 해 봐. 목록은 종이에 연필로 써도 되고 컴퓨터로 작성해도 상관없어. 목록이 만들어지면 독서 동아리 친구들과 서로 빌려주고 빌려달라고 해서 읽을 수 있을 거야. 다 읽고 난 책은 잘 돌려주는 거 잊지 마.

월말에는 다 함께 만나 읽은 책에 대해 이야기도 나누고 진행 상황도 살펴보자. 네가 읽은 책의 내용과 좋았던 점, 그리고 전혀 마음에 들지 않았던 점에 대해서도 대화를 나누어 보자. 그리고 또 책을 교환하는 거야.

이렇게 하다 보면 많은 책도 읽을 수 있고 친구에 대해서도 많이 알게 되겠지?

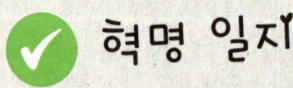 혁명 일지

도서 대여 상황을 기록하자.

빌려준 사람	빌려간 사람	빌려간 책	돌려받은 책

혁명 능력 점수		혁명 준비
반기 들기	●●●	바로 시작할 수 있음
지구 보호하기	●	**혁명 기간**
솔선수범하기	●	습관이 몸에 밸 때까지
절약하기	●●●●●	
정보 수집하기	●●●	

추천하는 책
『책 좀 빌려쥐유』, 이승호 글

혁명 29

두려움 극복하기

누구나 두려운 게 있어. 혼자 있는 게 두려운 사람, 너무 많은 사람과 오래 있는 것이 힘들고 두려운 사람도 있지. 누구나 자신만의 두려움이 있어. 어둠, 높은 곳, 매우 넓은 광장, 청소, 먼지 등 두려워하는 것도 다양하지. 개나 고양이, 쥐를 무서워할 수 있고, 사람을 무서워할 수도 있어. 어쩌면 운전을 난폭하게 하는 사람을 두려워할 수도 있겠지. 이런 경우 자동차가 두려워질 수도 있어. 혹시 비행기 타는 건 안 무서워? 배를 타는 건 어때?

어떤 것이든 모든 두려움에는 그와 관련된 원인이 있어. 취향과 약간 비슷한 부분이 있지. 어릴 때 멜론을 먹고 소화가 안 된 적이 있다면 멜론을 좋아하지 않을 거야. 두려움도 마찬가지야. 살아오면서 겪은 어떤 순간에 느낀 감정이 잘 받아들여지지 않았다면 그때부터 그 감정은 두려움으로 변해. 아마 개에게 물렸다거나, 아빠가 개를 조심하라는 당부를 수없이 했다면 물린 적이 없어도 개를 두려워하게 되었을 거야. 어릴 때 엄마 말을 안 듣고 거짓말을 하면 경찰이 잡아간다는 말을 듣고 자란 아이는 경찰이 두려울 수도 있어.

오늘의 혁명은 네가 느끼는 두려움 중 적어도 한 가지는 무너뜨릴 수 있다는 것을 깨닫는 거야. 수학에 대한 두려움이나 주사, 혹은 치과에 대한 두려움을 이겨내 보자. 두려움을 극복한다는 것은 용기를 내는 법을 배우는 거야. 두려움을 완전히 물리치지는 못한다 하더라도 시도해 볼 만한 가치가 있어. 성공하면 네 자신을 위해 멋진 일을 해낸 게 되는 거지. 이 혁명은 너 자신에게, 두려움이 경고를 보내는 순간에 반기를 드는 작업이야.

용기는 타고나는 게 아니야. 잘 생각해야 얻을 수 있어. 두려움을 어떻게 극복하느냐고? 먼저 무섭지 않다고 계속 되뇌는 것부터 시작해 보자. 마음을 가라앉히고 네가 두려워하는 대상을 자세히 들여다보자. 작디작은 주삿바늘이 정말 그렇게 무서운 건가? 그렇다면 칼에 찔리는 건 어떨까? 칼에 비하면 주삿바늘은 아무 것도 아니지 않을까?

두려움 극복하기는 의미 있는 혁명이야. 용기를 내 도전해 봐. 네 마음을 뜨겁게 만들어 줄 거야. 그렇게 얻은 용기는 쉽게 사라지지 않을 거야.

한 가지 더 도전하고 싶다면, 친구와 함께 서로의 두려움을 떨치도록 도와 보자. 친구가 물을 두려워한다면 수영을 가르쳐 주자. 친구가 박쥐를 무서워한다면? 사람의 피를 빨려고 달려들지 않으니 한 마리쯤 봤다고 괴성을 지르며 달아날 필요는 없다고 말해 주자.

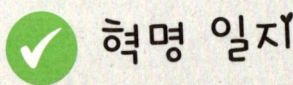 혁명 일지

한때 두려워했지만 이제는 아무렇지 않아진 것을 적어 보자.

....

....

혁명 능력 점수
반기 들기 ●●●
지구 보호하기 ●●●
솔선수범하기 ●
절약하기 ●●●●
정보 수집하기 ●●●●

혁명 준비
준비하는 데 오래 걸림

혁명 기간
행동이 바뀔 때까지

추천하는 책
『구스범스』, R. L. 스타인 글

혁명 30

전기 없이 하루 살기

전기는 살면서 크게 의식하지 못할 만큼 일상과 가까운 부분이 됐어. 전기의 존재를 느끼기 위한 가장 좋은 방법은 하루 동안 최소한의 전기만으로 살아보는 거지. 지금도 전 세계에서 10억 명 이상의 사람들이 전기 없이 살아가고 있어. 너도 한번 전기 없이 하루를 보내 보겠어?

가족 모두의 동의를 얻어 함께 도전해 봐. 아침에 콘센트에 꽂힌 플러그를 모두 뽑아 버리는 거야. 냉장고나 김치냉장고는 제외하더라도 텔레비전, 시계, 휴대 전화, 컴퓨터, 라디오, 모두 전원을 끄고 하루를 지내는 거야.

날이 어두워지면 양초를 켜. 네가 8층에 산다면 평소 엘리베이터를 타고 집으로 올라갔겠지만 이날만큼은 계단을 이용해 보자. 그렇게 하루를 보낸 후에 가족과 함께 소감을 나눠 봐.

한 가지 더 도전하고 싶다면 우리 집 조명 감독관이 되어 보자. 집을 나설 때마다 모든 전등이 꺼졌는지 돌아다니면서 확인하는 거지.

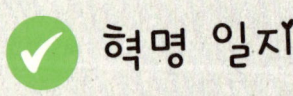

✅ 혁명 일지

가장 불편한 게 무엇이었는지 적어 보자.

시간	문제	해결책
....	....	....
....	....	....
....	....	....
....	....	....
....	....	....
....	....	....
....	....	....
....	....	....

혁명 능력 점수 반기 들기 ●●●●● 지구 보호하기 ●●●●● 솔선수범하기 ● 절약하기 ●●●●● 정보 수집하기 ●	**혁명 준비** 별로 어렵지 않음 **혁명 기간** 한 번

추천하는 책
『옛날처럼 살아 봤어요』, 조은 글

혁명 31

하루에 물 2리터만 사용하기

양치질을 할 때 수돗물을 틀어 놓고 양치질하니? 샤워기 아래에 오랫동안 서 있는 걸 좋아해? 실제로 많은 사람들이 이런 식으로 물을 낭비해. 2009년 환경부 자료에 따르면 한 사람이 하루 평균 332리터의 물을 소비한다고 해. 2리터 짜리 페트병으로 바꾸면 하루에 166병의 물을 쓴다는 뜻이야.

세상 모든 사람이 물을 쉽게 사용할 수 있지는 않아. 이번 혁명은 우리가 얼마나 커다란 특권을 누리며 살고 있는지 깨닫게 해 줄 거야. 이번 혁명은 하루에 물 2리터만 사용하기야.

0.5리터짜리 물병 네 개, 혹은 1리터짜리 물병 두 개에 물을 채워. 하

루 동안 씻고, 마시고, 요리하는데 쓰는 물을 모두 준비한 물병에 든 물만 사용해야 해. 엄마가 너를 위한 식사를 만들거나 과일, 채소를 씻을 때도 그 물을 사용해 달라고 해. 화장실에서도 물병에 든 물을 가져가서 해결해야 해. 이렇게 하다 보면 네가 가진 물이 얼마나 조금인지 느낄 수 있을 거야. 다음 날 평소보다 몸에서 안 좋은 냄새가 날지도 모르겠네. 그렇다 하더라도 좋은 깨달음을 얻었을 테니 충분해.

한 가지 더 도전하고 싶다면 이 혁명을 며칠 더 이어가 보자. 일주일 동안 20리터 이하로만 물을 사용해 보는 거야. 이때 화장실 물은 내리도록 하자. 일주일 동안 물을 내리지 않는다면 너무 끔찍할 테니 말이야.

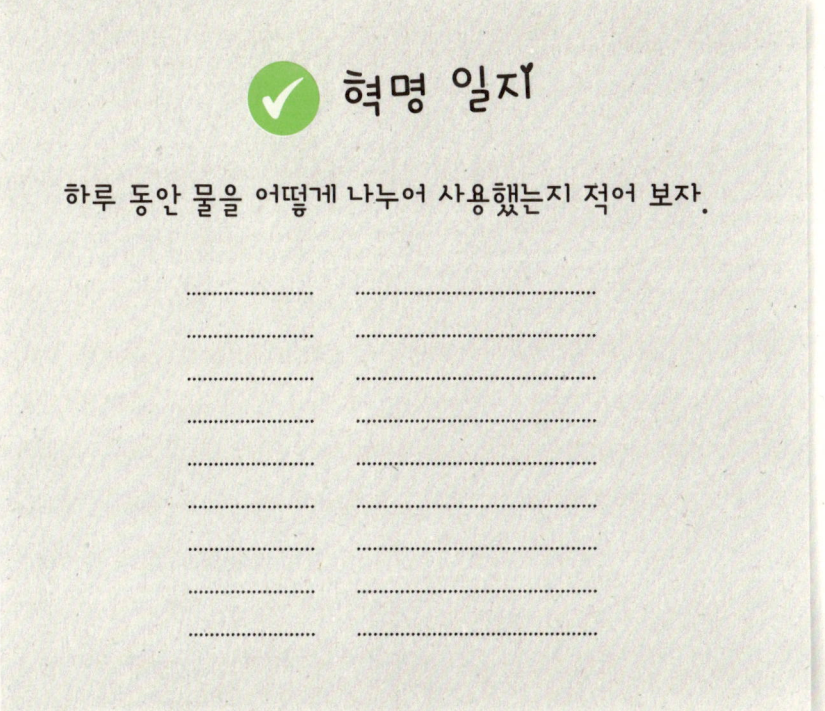

혁명 능력 점수		혁명 준비
반기 들기	●●●●●	별로 어렵지 않음
지구 보호하기	●●●●●	**혁명 기간**
솔선수범하기	●	한 번
절약하기	●●●●●	
정보 수집하기	●	

추천하는 책
『똑똑한 물의 비밀』, 프티 데브루아르 협회 편저

혁명 32

친절 화폐 만들기

돈이 없으면 아무것도 안 된다고 생각하기 쉽지. 그런데 정말 그럴까? 사실 세상 모든 것이 판매용은 아니니 모든 것을 다 살 수는 없잖아. 돈 없이도 원하는 것을 얻을 수 있는 방법은 얼마든지 있어. 예를 들어 친절을 베풀어 시간이나 능력과 물물 교환할 수도 있어.

이번 혁명을 위해 너만의 친절 화폐부터 만들어 보자. 친절 화폐를 이용해 가치 있는 일을 해 보자. 어떤 일이냐고? 바로 호의를 베푸는 거야. 네가 무엇인가를 살 때 현금 대신 이 친절 화폐를 이용해 봐. 친절 화폐를 내면 물건을 받는 대신 그 대가로 호의를 베풀어 봐. 친절 화폐를 받은 사람이 원하는 것을 들어주고 나면 다시 친절 화폐를 되돌려 받는 거지. 화폐는 작은 것과 큰 것, 그리고 아주 큰 것으로 만들 수 있어. 크기에 따라 친절도가 달라지는 거지. 화폐의 크기와 형태는 혼자, 혹은 모둠 친구들과 함께 디자인해 봐.

친절 화폐를 만들려면 이런 것들이 필요해.
- 종이
- 보드마커
- 연필
- 가위

친절 화폐를 상징할 만한 디자인을 고안해 봐. 작은 화폐 5장, 큰 화폐 3장, 아주 큰 화폐 1장을 만들자. 화폐를 사용할 때 네 이름을 적었는지 확인해. 이름이 적혀 있어야 화폐를 받은 사람이 누구에게 대가를 받을 수 있는지 알 수 있을 테니 말이야.

자, 친절 화폐를 어떻게 쓸 수 있을까? 그건 네가 결정하기에 달렸어. 친절 화폐 값으로 학교 수업 내용을 정리한 노트를 빌려주거나 작은 집안일, 잔디 깎기, 자전거 빌려 주기 같은 거래를 할 수 있을 거야. 친절 화폐를 지불하고 네가 어떻게 갚으면 될지 상대방의 요청을 기다려 봐.

친절 화폐를 받은 사람이 다른 사람에게 화폐를 넘겨 줄 수도 있어. 예상했던 사람이 아닌 다른 사람에게 친절을 베풀어야 하는 일이 벌어질 수도 있어.

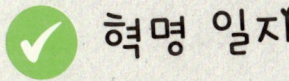 혁명 일지

친절 화폐를 누구에게 주었는지, 어떤 화폐를 주었는지 적어 보자.

받은 사람	메모	화폐 종류
....	....	....
....	....	....
....	....	....
....	....	....
....	....	....

혁명 능력 점수
반기 들기 ●
지구 보호하기 ● ●
솔선수범하기 ● ● ● ●
절약하기 ●
정보 수집하기 ● ● ● ●

혁명 준비
준비하는 데 오래 걸림

혁명 기간
한 번

추천하는 영화
〈아름다운 세상을 위하여〉, 미미 레더 감독

혁명 33

스스로 준비한 음식 먹기

우리는 정말 풍족한 환경 속에 살고 있어. 먹을 것을 구할 걱정은 커녕, 냉장고나 찬장만 열면 먹을 것이 가득하지. 혹시 집에 먹을 것이 아무것도 없더라도 슈퍼마켓에 가서 사거나 전화로 주문을 하면 음식이 집까지 배달되지. 너는 네가 먹는 것에 대해 얼마나 알고 있어? 어디서 만든 식품인지, 그 식품을 수확하고 준비하고 운송하는 일은 얼마나 힘들지 궁금하게 여긴 적 있어?

스스로 음식을 준비해 보면 이런 것들을 가장 잘 알 수 있어. 네가 직접 음식을 준비해 보고, 다른 친구들에게 빵 한 조각의 가치가 얼마나 큰지 말해 주자.

이번 혁명은 상당히 까다로워. 며칠 동안 스스로 준비한 음식을 먹어야 하기 때문이지. 쉽지 않은 일이라 실행 기간을 정확히 정해 주지 않도록 할게. 네가 나무에서 직접 따온 사과를 먹을 수도 있겠지만, 엄마가 해 주신 밥을 감사하며 먹어야 할 때도 있을 거야. 그 정도는 봐 줄게. 중요한 건 네가 먹는 음식에 대해 스스로 한다는 생각을 갖는 거니까.

어른의 도움을 받아 주말 농장을 찾은 후, 농사를 짓는 분에게 네가 도울 수 있는 일이 있는지 물어봐. 괭이질을 해서 흙을 일구고 씨를 뿌리고 가꿔서 수확하는 일이 얼마나 힘든지 알게 될 거야. 네가 일을 도운 농장에서 채소를 조금 살 수 있는지 물어보고, 가능하다면 그것으로 식사를 만들어 봐. 이런 식으로 치즈와 달걀, 우유도 구할 수 있을 거야. 반드시 농장에 가서 직접 일을 해야 해. 동물들을 보살피면서 양과 소에게서 젖을 짜는 법도 배워 봐. 멋진 현장 학습장이 되는 거지. 달걀은 닭을 돌보는 일을 도울 수 있는지 물어보고 일을 한 후 얻도록 해.

동물성 단백질을 구하는 일이 제일 복잡해. 낚시로 생선을 잡을 수 있겠지. 주변에 숭어 낚시를 가르쳐 주는 낚시터가 있을 거야. 부모님에게 생선 다듬는 법을 배운 후, 네가 잡은 생선을 요리해 먹자. 이번 혁명은 위장도 튼튼하게 만들어 줄 수 있어.

너에게 스테이크를 준비하라고 하지는 않겠지만 방목해서 키우는 동물들이 있는 농장에 한번쯤 가보라고 권하고 싶어. 동물들이 어떻게 움직이고 어떻게 먹는지 관찰해 봐. 동물들의 커다란 눈동자도 직접 보고 얼마나 멋진지 확인할 수 있을 거야. 동물들의 희생으로 고기구이나 햄을 넣은 샌드위치를 먹을 수 있는 거 알지? 음식을 먹기 전에 동물들에게 감사 기도를 하는 것도 좋을 것 같아.

이번 혁명이 끝나면 너는 분명 음식을 낭비하는 일과 쓰레기를 버리는 일을 싫어하게 될 거야.

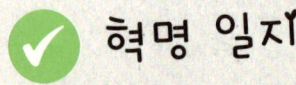 혁명 일지

네가 이번 주에 구한 식품 중에 무엇을 먹었는지,
어떤 식으로 구했는지 기록해 보자.

요일	음식	식품을 구한 방식
......	......	......
......	......	......
......	......	......
......	......	......
......	......	......

혁명 능력 점수
반기 들기 ●●●●●
지구 보호하기 ●●
솔선수범하기 ●
절약하기 ●●●●
정보 수집하기 ●●●

혁명 준비
준비하는 데 오래 걸림

혁명 기간
한 번

추천하는 책
『손도끼』, 게리 폴슨 글

재사용하기

집에서 버려지는 물건들이 너무 많아. 병이며 캔, 상자, 옷, 신문, CD……. 대부분 다른 무엇인가를 담는 데 필요한 것들이야. 우리는 쇼핑을 하고, 산 것 중 절반은 버리고 또 다른 것들을 사. 그리고 또 버려. 그렇게 하다 보니 쓰레기봉투와 쓰레기통, 분리수거함이 끝없이 가득 차 있어. 우리가 버리는 그 많은 물건들 속에는 장난감이나 작은 예술 작품 등 쓸 만한 물건들도 제법 있을 거야. 어디 한번 찾아볼까?

아래와 같은 몇 가지 기본적인 재료를 이용해 양념만 살짝 더해 주면 많은 물건이 다시 사용할 수 있는 멋지고 재미있는 무엇인가가 될 수 있어.

1. 상상력
2. 독창성
3. 노력

버려진 물건이 조금 초라한 상태여도 잠시 관찰해 보면 물건의 새로운 용도를 찾을 수 있을 거야. 간단한 작업으로 형태를 바꿀 수도 있고, 색을 칠해 다시 생기를 더할 수도 있고, 다른 재료와 조합해 또 다른 용도로 사용할 수도 있어.

예를 들어 예전에 쓰던 열쇠도 색을 칠해 얇은 쇠줄에 매단 후 종이 받침에 매달면 드림캐처나 풍경으로 사용하기에 손색이 없을 거야.

다 쓴 커피 통이나 참치 캔을 비롯해 토마토소스 병들도 콩을 보관하거나 연필통으로 사용될 수 있고, 구멍을 뚫고 양초를 담아 정원에서 파티를 할 때 조명으로 사용할 수 있어.

플라스틱 병도 깨질 염려 없는 컵으로 사용하거나 스테이플러나 핀 등 자질구레한 것들을 수납하는 통으로 쓸 수 있어.

옷은 정말 수많은 방법으로 재활용할 수 있어.

오래된 티셔츠의 소매 부분은 덩치가 작은 강아지 옷이 될 수 있고, 앞뒤 면으로는 가방이나 쿠션 커버 같은 것을 만들 수도 있지.

피자 상자도 변신할 수 있어! 노트북 보관함이나 벽시계, 혹은 손가락 축구 놀이를 할 때 경기장으로 사용할 수 있지. 손가락 축구 놀이를 할 때 공으로는 병뚜껑을 사용하면 좋을 것 같네.

조금 더 깊이 들어가 볼까? 집에서 나온 폐기물을 일상에서 사용하는 물건으로 변신 시켜 보자. 얼마 전까지 네가 버리려 했던 물건이 세상을 변화시킬 수 있어.

한 가지 더 도전하고 싶다면 고전적이고 간단한 방식으로 옷을 재활용해 보자. 그냥 예전 옷을 다시 입는 거야! 언니나 오빠가 작아져서 더 이상 입지 않는 스웨터나 바지를 47번 혁명에서 제안하는 것처럼 입어 봐. 아니면 40번 혁명에서 제시한 것처럼 네가 사는 지역의 헌옷 수거함에 넣을 수도 있어.

 혁명 일지

버리려 했던 물건 목록을 만들고 어떻게 변신했는지 적어 보자.

버리려 했던 물건	변신
....	....
....	....
....	....
....	....

혁명 능력 점수		혁명 준비
반기 들기	●●●●●	준비하는 데 오래 걸림
지구 보호하기	●●●●●	**혁명 기간**
솔선수범하기	●	습관이 몸에 밸 때까지
절약하기	●●●●●	
정보 수집하기	●	

추천하는 책
『우유팩으로 만든 꽃』, 종이나라 편집부 편

혁명 35

80년대로 돌아가기

믿기 힘들겠지만 너의 할아버지, 할머니, 어쩌면 너의 부모님 세대까지도 과거에는 인터넷이나 텔레비전 없이 하루하루를 즐겁게 살았어. 너도 한번 도전해 보면 어때? 휴대 전화와 텔레비전 프로그램, 인터넷을 거부하는 게 상당히 짜릿하게 느껴질 거야!

마음의 준비가 됐으면 휴대 전화나 컴퓨터 없이 일주일을 살아보자. 비디오 게임, DVD나 스마트폰도 사용하지 않는 거야. 전화는 일반 전화만 사용할 수 있어. 끔찍할 거 같다고? 사실 방과 후 숙제를 끝내고 할 수 있는 일은 참 많아. 도서관도 갈 수 있고, 산책하기, 자전거 타기를 비롯해 보드게임도 할 수 있지. 친구들과 도시 곳곳을 돌아다녀 볼 수도 있어. 오후 시간을 보내기 좋은 장소들이 정말 많을 거야.

CD나 라디오로 음악을 듣거나 유선 전화로 친구들과 전화 수다를 떨거나 공원에서 간식을 먹거나 대화를 나누는 시간을 가질 수도 있을 거야.

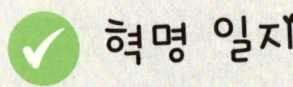

✅ 혁명 일지

일주일을 어떻게 보냈는지, 무엇을 하면서 보냈는지 기록해 보자.

요일	한 일
월요일	....
화요일	....
수요일	....
목요일	....
금요일	....
토요일	....
일요일	....

혁명 능력 점수
반기 들기　●●●
지구 보호하기　●●●
솔선수범하기　●
절약하기　●●●●●
정보 수집하기　●●●

혁명 준비
빨리 준비할 수 있음

혁명 기간
일주일

추천하는 영화
〈캡틴 판타스틱〉, 맷 로스 감독

혁명 36

자가용 없이 돌아다니기

세상은 교통 체증에 시달리고 있어. 대기 오염도 심각해졌지. 이러한 시스템에 반기를 들고 좋은 본보기가 되어 보자. 일주일 동안 집에서 학교까지 자전거로 통학해 보자. 걸어서 다녀도 좋고, 어쨌든 차를 타지 않으면 돼. 네가 아직 나이가 너무 어리거나 학교가 멀다면 대중교통을 이용하는 것으로 대신하자.

고학년이라면 혼자 학교에 가는 것도 시도해 볼 만해. 이렇게 통학을 하면 책상에서도 효과가 나타나. 덴마크의 한 연구에 따르면 걷거나 자전거를 타고 학교에 가는 학생들이 집중력이 더 뛰어나서, 한번에 네 시간까지 집중할 수 있었대. 너도 시도해 봐. 버스나 지하철을 타고 다니며 주변 풍경을 감상해 보는 거야. 학교가 가깝다면 자전거를 이용해 봐. 알래스카에 산다면 개썰매를 이용하면 될 거고. 참, 자전거를 탈 때는 항상 안전모를 써야 해!

한 가지 더 도전하고 싶다면 부모님도 출퇴근을 할 때 걷거나 자전거를 이용하도록 설득해 보자. 아니면 부모님의 동료 중 누군가와 카풀을 하는 것도 좋아.

 혁명 일지

한 주 동안 어떻게 학교에 갔는지 적어 보자.

요일	이동 수단
월요일	
화요일	
수요일	
목요일	
금요일	
토요일	

혁명 능력 점수		혁명 준비
반기 들기	●●●	별로 어렵지 않음
지구 보호하기	●●●●	혁명 기간
솔선수범하기	●	습관이 몸에 밸 때까지
절약하기	●●●●●	
정보 수집하기	●●●	

추천하는 책
『삼촌과 함께 자전거 여행』, 채인선 글

혁명 37

남자가 하는 일 여자가 하는 일
바꿔 보기

부모님, 선생님을 비롯해 너를 돌보는 분들은 네가 남자인지 여자인지에 따라 아주 어릴 때부터 서로 다른 일을 시키고 거기에 익숙해져 있을 가능성이 높아. 심지어 우리가 자신의 성별이 무언지 모를 때부터 말이야. 한 가지 예를 들자면 남자에게는 공을 주고 여자아이에게는 종이와 연필을 주는 식이야. 이런 학습된 성역할로 인한 편견은 인식하지 못하더라도 누구나 다 갖고 있어.

학습된 성역할은 우리가 잘 알지도 못하는 사람에게도 자동적으로 적용돼. 여자아이들은 축구를 싫어하고, 남자아이들은 그림 그리기를 안 좋아한다고 생각하는 것처럼 말이야. 축구를 하든 그림을 그리든 자기가 좋아하는 것을 하면 되는데, 남자니 이런 것을 하고 여자니 이런 것을 한다는 고정 관념 때문에 다른 일을 해 보지도 않고 성장한다는 게 문제야. 어쩌면 그런 일들을 엄청나게 좋아할 수도 있고, 무척 잘 할 수 있을지도 모르는데 말이야. 과학자들이 최근 몇 년간 뇌의 작용에 대해 밝혀낸 내용을 살펴보면 어릴 때 공놀이를 많이 한 어린이들이 공놀이를 하지 않은 어린이에 비해 수학적인 재능이 뛰어났다고 해. 남자건 여자건 상관없이 공놀이를 하는 게 좋겠지?

이와 같은 작은 혁명을 일으키려면 더 많은 것이 필요해.

너와 반대되는 성별이 하는 일이라 일컬어지는 전형적인 일 다섯 가지를 적어 보자. 네가 남자라면 여성적이라고들 말하는 일을, 여자라면 남성적이라고들 말하는 일을 적어 보는 거야.

이번 혁명은 혼자서도 할 수 있지만 모둠 친구들과 함께할 수도 있어. 친구들과 함께한다면 어떤 일을 할지 토의해 봐.

무엇을 할지 결정하다 보면 자연스럽게 내가 갖고 있던 무의식적인 편견에 대해서도 알게 될 거야.

다섯 가지를 다 적었어?

좋아, 그럼 이제 행동에 옮겨 보자. 한꺼번에 다섯 가지를 다 해도 좋고, 하루에 한 가지씩 해도 괜찮아. 해 보니 어땠어? 굉장히 거북했어? 아니면 생각이 바뀌었어? 생각이 바뀌었다면, 어떻게 바뀌었어?

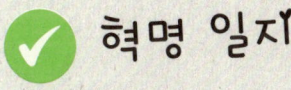

혁명 일지

학습된 성역할과 반대되는 일 다섯 가지를 적어 보자.

반대되는 일	실행 결과
....	....
....	....
....	....
....	....
....	....

혁명 능력 점수
- 반기 들기 ●●●●●
- 지구 보호하기 ●●
- 솔선수범하기 ●●
- 절약하기 ●●
- 정보 수집하기 ●●●●

혁명 준비
별로 어렵지 않음

혁명 기간
한 번

추천하는 책
『엄마 인권 선언』, 엘리자베스 브라미 글

혁명 38

전통 놀이 올림픽 열기

게임기나 인터넷에 접속해야 재미있는 게임을 할 수 있는 건 아니야. 예부터 전해 내려오는 다양한 놀이로도 즐거운 시간을 보낼 수 있어. 친구 몇 명과 공원이나 조용한 공터에 모여 전통 놀이 올림픽을 열어 보자.

윷놀이나 자치기, 팽이치기를 비롯해 장애물 뛰어 넘기나 술래잡기, 도둑잡기, 색깔 찾기 등등 정말 많은 놀이가 있어. 네가 아는 놀이도 몇 가지 있지? 예전에는 별것 없이도 참 즐겁게 놀았어. 자치기는 양쪽 끝을 뾰족하게 다듬은 나뭇조각을 긴 막대로 쳐서 뛰어 오르게 한 다음, 나뭇조각이 공중에 떠 있는 동안 한 번 더 쳐서 가능한 멀리 날려 보내는 게임이야. 위험할 것 같아? 맞아. 다칠 수 있으니 조심해야 해. 전통 놀이에 관한 책을 찾아보면 더 많은 놀이를 해 볼 수 있을 거야. 할머니나 할아버지에게 알려 달라고 하는 것도 좋은 방법이야. 아니면 9번 혁명에서 만난 새 친구들에게 부탁해도 돼.

어렵지 않으니 용기 있게 도전해 봐. 모둠 친구들을 모아 특별한 올림픽을 계획해 봐. 서로 돌아가며 경기 심판을 보고 점수를 주면 돼. 지금껏 그래왔듯이 누구 한 사람 빠지지 않도록 다 함께 경기에 참여해야 해. 올림픽 정신에 맞게 스포츠 정신을 발휘하는 것도 잊지 마. 심판을 볼 때는 누구의 편을 들어주면 안 돼.

올림픽은 아침에 시작해서 오후 늦게 끝날 수 있어. 경기에서 1등을 한 사람에게는 5점, 2등에게는 3점, 3등에게는 1점씩 점수를 주자. 경기가 모두 끝나면 누가 가장 높은 점수를 받았는지 계산해 봐. 전통 놀이 올림픽의 우승자가 되면 다음 올림픽까지 챔피언이라는 명예를 누리게 되는 거야.

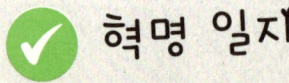 혁명 일지

전통 놀이 올림픽 날 어떤 경기를 했는지 적고, 우승자의 이름을 적어 보자.

경기	1등	2등	3등
......	......	......	......
......	......	......	......
......	......	......	......
......	......	......	......
......	......	......	......
......	......	......	......

혁명 능력 점수
반기 들기 ●●●
지구 보호하기 ●
솔선수범하기 ●
절약하기 ●●●●
정보 수집하기 ●●●●

혁명 준비
별로 어렵지 않음

혁명 기간
한 번

추천하는 책
『놀자, 노세! 전통 놀이 이야기』, 호원희 글

혁명 39

동물 돌보기

우리 주변에는 도움의 손길이 필요한 동물들이 참 많아. 멸종 위기에 놓인 동물들뿐 아니라 너희 집 근처에 사는 동물들도 도움을 필요로 해. 도움이 필요한 동물들이 눈에 띄는 것도 아니고, 모두 귀엽고 예쁜 것도 아니야. 하지만 호감이 가지 않는다고 좋은 의도의 혁명을 하지 않을 수는 없지.

겨울이 오면 더욱 많은 동물들이 어려움에 처해. 예를 들어 새들이 그렇지. 새들에게 먹을 것을 주는 일로 도움의 손길을 뻗어 보자. 옥수수나 해바라기 씨, 사탕 부스러기, 오트밀 같은 것을 매일 같은 자리에 두는 거야. 빵 조각은 부피만 클 뿐 영양소가 부족해. 작은 쟁반이나 컵, 페트병과 같은 것을 이용해 정원이나 테라스에 새들을 위한 작은 식당을 마련해 주자.

또 하나, 네가 할 수 있는 일이 있어. 본격적으로 도움을 주는 방법이야. 동물 보호 협회나 시에서 운영하는 개나 고양이 보호소를 찾아가 봐. 인터넷으로 검색하면 주소와 연락처를 알 수 있을 거야. 사육장을 청소하고 먹이를 주고, 혼자 돌아다니지 못하는 개들을 산책시키는 등 자원봉사를 해 보자. 봉사 기간은 한 달이야. 네가 동물을 사랑한다면 더없이 멋진 경험이 될 것이고, 동물에게 익숙지 않다면 새로운 깨달음을 얻게 될 거야.

 혁명 일지

인터넷 검색을 통해 네가 먹이를 주는 새들에 대한 정보를 찾을 수 있을 거야. 새들의 사진을 붙이고 이름을 찾아 적어 보자.

혁명 능력 점수		혁명 준비
반기 들기	●●●	별로 어렵지 않음
지구 보호하기	●●●	**혁명 기간**
솔선수범하기	●●	한 달
절약하기	●●●	
정보 수집하기	●●●●	

추천하는 책
『길고양이 별이』, 이옥선 글

혁명 40

자선 베풀기

흔히 자선을 베푸는 일을 단순히 돈을 어딘가에 기부하는 거라고 생각해. 우리가 전혀 알지 못하고 만난 적도 없는 낯선 사람들을 위해 사용될 것이라 생각하지. 하지만 그게 전부가 아니야. 자선을 베푸는 일은 가진 것이 아예 없거나 부족한 사람을 위해 우리의 시간을 비롯한 가진 것 중 일부를 내어주는 일을 뜻해.

이번 혁명은 자선 베풀기야. 네가 잘 사용하지 않는 물건들을 선물하는 일로 자선을 시작해 보자.

네가 어릴 때 갖고 놀던 장난감과 입던 옷이 있을 거야. '언젠가는 다시 사용하겠지' 하는 생각으로 창고나 장롱 안에 처박아 두며 곰팡

이가 피게 내버려 두지 말고 좋은 일에 사용하는 거지. 안 쓰는 물건이지만 아직 상태가 괜찮다면 무작정 버리지 마. 그런 것들이 필요한 사람들이 생각보다 많거든. 헌옷과 쓰던 장난감을 수거하는 자선 단체를 찾은 후, 깨끗하게 세탁하고 닦아서 잘 포장해 가져가 봐. 네게는 쓸모없던 물건이 누군가에게는 선물이 될 수 있어. 너도 누군가를 도왔다는 커다란 만족감을 얻을 거야. 너의 작은 자선이 이 세상을 조금 더 살기 좋은 곳으로 만든다는 사실을 잊지 마.

한 가지 더 도전해 보고 싶다면 집 근처에 무료 급식소를 찾아가 봉사해 볼 것을 추천해.

 혁명 일지

네가 선물하려는 물건들의 목록을 작성하고, 그 선물들을 전달할 단체의 이름을 적자.

물건	단체
......	......
......	......
......	......
......	......
......	......
......	......

혁명 능력 점수
반기 들기 ●
지구 보호하기 ●●●●
솔선수범하기 ●●●●●
절약하기 ●●●●●
정보 수집하기 ●

혁명 준비
준비하는 데 오래 걸림

혁명 기간
한 번

추천하는 책
『달리는 나눔 가게』, 미하엘 로어 글 그림

혁명 41

학교 변화시키기

학교는 상당히 정신없는 곳이지? 옛날에도 그랬어. 이번 혁명은 정신없는 학교를 변화시키기 위한 방법을 찾아보는 미션이야. 모둠 협조자들의 도움이 필요해. 네가 첫 번째로 할 일은 학교를 잘 살펴보는 거야. 창문 상태는 어때? 틈새가 많아? 그렇다면 겨울이 올 때마다 온기를 유지하기 위해 난방을 두 배로 해야 할 거야. 벽은 어때? 천장은? 아직 멀쩡해, 아니면 너무 낡은 것 같아? 교실 하나하나를 돌아다니며 살펴보고 학교 상태를 정확하게 파악해 보고서를 작성하자. 그리고 누구나 읽어볼 수 있도록 게시판에 붙여 두는 거야. 네가 조사한 내용 중 개선된 부분이 있으면 보고서에 표시해 보자.

학교에 불만을 표시하고 비평을 하는 게 목표가 아니야. 모두에게 문제를 밝히고 함께 생각한 다음 해결책을 찾는 게 목표야. 동시에 안전과 환경도 다시 한 번 돌아보는 데에도 도움이 될 거야.

학교를 돌아보면 크고 작은 문제들이 보일 거야. 심각한 문제들은 어른들이 개입해야 하지만, 그리 크지 않은 문제들은 스스로 해결할 수 있는 방법이 없을지 생각해 보자.

예를 들어 교실이 칙칙하고 따분해 보인다면 미술 선생님과 교실을 꾸밀 계획을 세울 수 있을 거야. 학급 분위기는 어때? 친구들끼리 서로 친해? 평화로운 분위기야? 친구들 사이에 문제는 없고? 누군가 따돌리고 있지는 않아? 혹시 말을 한 마디도 안 하는 친구는 없어? 바로 이런 문제들이 네가 해결해 볼 수 있는 것들이야. 친구들 중 누가 소심한지 알아보고 그런 친구들을 모임에 끼워 주자. 혹시 반에서 따돌림을 당하는 친구가 있으면 네가 그 친구를 괴롭히는 친구들로부터 막아 주자. 사실 이런 행동은 결국 너 자신을 보호하는 거야. 이런 작은 행동이야말로 너 스스로를 자랑스럽게 여기게 만들 중요한 혁명이야.

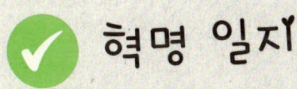 혁명 일지

모둠 친구들과 함께 해결하기로 한 문제를 써 보자.
어떻게 해결할지도 함께 써 봐.

혁명 능력 점수
반기 들기 ●●●
지구 보호하기 ●●●
솔선수범하기 ●●●
절약하기 ●●
정보 수집하기 ●●●●●

혁명 준비
준비하는 데 오래 걸림

혁명 기간
한 번

추천하는 책
『학교를 지켜라!: 우리들의 비밀작전』, 발레리 제나티 글

혁명 42

세계 요리 파티 열기

항상 같은 음식만 먹어야 한다면 참 지겨울 거야. 이번에는 음식 혁명을 일으킬 차례야. 우리 주변에도 다문화 가정을 비롯해 다른 나라 친구들이 함께 살고 있어. 각각 고유의 음식 문화를 가지고 있지. 코소보나 알바니아, 에콰도르, 러시아, 튀니지, 이집트, 루마니아, 중국 같은 나라의 음식을 먹어 본 적 있어? 없다면 이번 기회에 맛을 보자. 이제부터 시작해 보는 거야.

이번 혁명은 동네나 학교에서 다양한 음식들을 차려 놓고 파티를 여는 거야. 너도 음식을 가져와야 해. 부모님께 네가 좋아하는 음식을 해 달라고 부탁하고, 요리를 도와 드려. 그래야 너도 요리법을 배울 수 있으니까 말이야.

그렇게 만든 음식을 가지고 다 같이 모여 봐. 집에서 모이는 것도 괜찮아. 간단한 요리를 준비해서 손님들과 음식을 나누어 봐. 후식을 비롯해 음식은 세 종류면 충분해. 이렇게 파티를 여는 데 한 번 성공하고 나면 그 다음부터는 메뉴를 바꿔가며 계속 이어갈 수 있을 거야.

혹시 조금 더 큰 행사를 열고 싶다면 모둠 친구들과 힘을 합쳐 교장 선생님에게 학교 운동장이나 정원을 빌릴 수 있는지 물어보자. 된다고 하면 행사를 기획해 봐. 일단 반 친구들과 이웃을 대상으로 간단히 올 사람들을 파악해. 시식할 음식의 목록을 작성하고 초대장도 준비해. 모든 손님이 배부르게 먹을 만큼은 아니더라도 다들 한 입씩 맛을 볼 수 있을 정도의 음식은 준비하는 게 좋겠지?

이제부터가 제일 중요해. 모든 음식에 이름을 표시하고, 담당자를 정해서 어떤 재료로 어떻게 만들었는지 설명해 주는 거야. 음식을 통해 특별한 기억이나 이야기를 전해 주는 거지. 일식을 먹을 때마다 추억을 떠올리던 할머니 이야기, 바닐라를 처음으로 발견한 소년 이야기, 백설 공주와 독이 든 사과 이야기 같은 것들 말이야.

파티를 마친 뒤에는 파티에 참석한 모든 사람들에게 파티 사진을 보내 줘. 넌 분명 이 작업을 위해 많은 사진을 찍게 될 거고, 이를 통해 얻는 게 있을 거야.

✓ 혁명 일지

세계 요리 파티에서 맛 본 음식 중 베스트5를 적어 보자.

음식의 이름	주재료	국적
1)	....	....
2)	....	....
3)	....	....
4)	....	....
5)	....	....

혁명 능력 점수
- 반기 들기 ●
- 지구 보호하기 ●●●●●
- 솔선수범하기 ●
- 절약하기 ●●●
- 정보 수집하기 ●●●●

혁명 준비
준비하는 데 오래 걸림

혁명 기간
한 번

추천하는 책
『샌드위치 바꿔 먹기』, 켈리 디푸치오, 트리샤 투사 글

혁명 43

꿀벌 돕기

꿀벌은 지구의 먹이 사슬에서 아주 중요한 연결 고리를 맡고 있어. 그런데 얼마 전부터 개체 수가 줄어들고 있다고 해. 이 말이 사실이라면 우리가 당장 할 수 있는 일은 뭐가 있을까? 네가 잘 할 수 있고 정당한 일이라면 작은 노력으로도 큰 혁명을 할 수 있을 거야. 어떻게 하면 되는지 한번 알아보자.

벌은 이 꽃에서 저 꽃으로 옮겨 다니면서 식물의 수분과 재생산에 도움을 주는 화분 매개 곤충이야. 환경 파괴를 비롯한 수많은 이유로 꿀벌들이 사라지게 되면 농산물 생산에 큰 영향을 미칠 수도 있는 거지. 그러니 꿀벌 수가 줄어드는 건 아주 심각한 문제야. 지구 식량의

약 35%가 벌들의 수분 매개에 의존하고 있어. 생각해 봐. 세계 식량 생산의 90%를 차지하는 게 100가지 농산물인데, 이 중 71가지나 되는 농산물이 화분 매개와 관련이 있어. 꿀벌이 사라지면 우리가 어떤 재앙에 빠지게 될지 쉽게 이해가 되지?

꿀벌을 돕기 위해 네가 할 수 있는 가장 구체적인 행동은 꿀벌들이 가장 좋아하는 식물을 심는 거야. 사실 꿀벌에게 피난처와 영양을 공급하는 식물과 꽃의 종류는 엄청나게 많아.

금잔화, 살갈퀴, 잠두, 토끼풀, 페르시안 클로버, 자주개자리, 고수, 쿠민, 백리향, 설탕당근, 딜, 보리지, 로즈마리, 타임, 라벤더, 해바라기, 아욱, 매리골드, 메밀, 노란 전동싸리 등이 꿀벌이 좋아하는 식물이야.

이런 식물을 정원이나 동네 공터, 테라스, 혹은 창틀에 놓는 화분에 심자. 농약이나 살충제는 사용하지 말고 정성스럽게 길러 보자. 조만간 꿀벌이 드나들기 시작해 꽃 속으로 들어가 영양을 보충하고 나오는 모습을 볼 수 있을 거야. 이 작은 혁명은 자연이 치유되는 데 도움을 주는 정말 아름다운 행동이야.

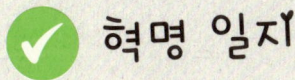 혁명 일지

네가 심은 식물의 잎이나 꽃잎을 붙이고 꽃의 이름과 심은 날짜를 기록해 보자.

혁명 능력 점수		혁명 준비
반기 들기	●	별로 어렵지 않음
지구 보호하기	●●●●●	혁명 기간
솔선수범하기	●●●●	습관이 몸에 밸 때까지
절약하기	●	
정보 수집하기	●●●	

추천하는 책
『꿀벌』, 브리타 테큰트럽 글 그림

혁명 44

종이 재활용하기

우리는 종이를 엄청나게 낭비하고 있어. 더 사용할 수 있는데도 그냥 버리는 경우가 많아. 종이가 나무에서 나온다는 것을 생각하면 정말 큰 죄라고 할 수 있지. 분리수거를 잘 하면 재활용을 할 수 있어. 26번 혁명을 완료했다면 분리수거를 어떻게 하는지는 잘 알고 있을 거야. 그런데 종이를 버리기 전에 창의적이고 혁명적인 방식으로 재사용하는 방법도 있어.

매년 낭비되는 종이의 양이 수십억 톤에 이르러. 길에 버리는 책과 잡지, 아무렇게나 집어 던지는 신문도 많지만, 아직 백지인 페이지가 많은데도 버려지는 수첩과 공책의 양도 만만치 않아.

이게 무슨 뜻인지 알아? 수천 그루의 나무가 의미 없이 잘려 버려졌다는 뜻이야. 1,000킬로그램의 신문을 재활용하면 15그루의 나무를 구하고, 31,780리터의 물을 절약할 수 있어. 절대 적은 양이 아니야. 한번 잘 생각해 볼 필요가 있어.

이런 상황을 바꾸기 위해서 쓰다 만 공책부터 다시 써 보자. 오래된 공책에서 쓰지 않은 모든 페이지를 잘라 한 묶음으로 모아 봐. 학교에 가져가기에 좀 예쁘지 않아 보인다면 공책 사이에 끼워 풀칠을 해 넣는 방법도 있어. 한 면만 사용한 종이도 안 쓴 면을 사용할 수 있어. 너의 혁명과 관련된 일들을 적어둘 수도 있겠지.

책갈피를 만들 수도 있어. 이미 사용한 페이지를 잘라 반으로 접어 풀칠을 해서 붙이는 거야. 마지막으로 그림까지 그려 넣으면 아주 멋진 책갈피가 탄생할 거야.

점점 솜씨가 좋아지면 나중에는 더 다양한 것들을 만들 수 있을 거야.

- 패션 액세서리: 낡은 가방에 신문지를 붙이고 방수가 되도록 그 위에 투명 시트지를 붙여 봐. 종이로 만든 끈을 땋아서 이국적인 느낌의 팔찌도 만들 수 있어. 한쪽 끝에 구멍을 만들어 끈을 통과시키고, 풀을 먹여 튼튼하게 만든 후 색도 칠해 봐.

- 보관함: 종이 박스나 주방에서 나온 키친타월 심지, 휴지 심지 같은 종이로 된 원통 심지에 그림을 그려 멋진 필통이나 수납함으로 재탄생시킬 수 있어.

- 멋진 액자: 신문이나 종이 박스를 다양한 도형 모양으로 잘라 빈

액자에 붙인 후 네가 원하는 그림을 그려 넣어 봐.

- **고양이 장난감**: 여러 가닥의 종이를 모아 매듭을 묶고 긴 막대기에 붙이면 고양이들이 좋아하는 훌륭한 장난감이 될 거야.
- **그림자 인형**: 손재주가 좋은 편이라면 종이에 사람이나 동물을 그려 보자. 그림을 자른 후 긴 막대를 붙여 불빛 앞에서 왔다갔다 움직여 보면 네 방이 그림자극 상영관으로 바뀔 거야.

종이비행기 함대도 만들 수 있어. 함대를 만드는 방법은 모둠 친구들과 직접 연구해 봐. 종이비행기를 만드는 방법만 수천 가지가 넘을 테니까 말이야.

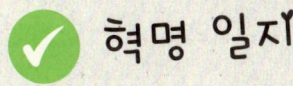 혁명 일지

집에서 나온 종이 쓰레기를 어떻게 재활용했는지 적어 보자.

1) ....
2) ....
3) ....
4) ....
5) ....

혁명 능력 점수		혁명 준비
반기 들기	●●●	별로 어렵지 않음
지구 보호하기	●●●●●	**혁명 기간**
솔선수범하기	●	습관이 몸에 밸 때까지
절약하기	●●●●	
정보 수집하기	●●	

추천하는 책
『나무의 비밀』, 위베르 방 케무욍 글

혁명 45

좋은 소식 전파하기

어떤 사람들은 나쁜 일에만 집중한 나머지 자신이 재해나 재난, 문제에 둘러싸여 있다고 생각해. 하지만 긍정적인 일에 집중하면 모든 일이 더 좋아 보여. 처음에는 그냥 좋아 보이기만 하다가 정말로 좋아지지. 신문이나 인터넷 기사는 나쁜 소식을 전하는데 전문화되어 있어. 이 또한 시장의 법칙이지. 사람들은 행복할 때보다 무서울 때 신문을 더 많이 구입하기 때문에 되도록 안 좋은 소식을 기사화하는 거야. 이제 너도 눈치 챘지? 이제 모두 바뀌어야 할 시간이야. 혁명이 필요해. 이번 혁명은 좋은 소식을 찾는 거야. 기간은 일주일!

이번 혁명을 실행하려면 이런 것들이 필요해.

- 신문
- 가위
- 풀
- 연필

   네가 할 일은 매일 적어도 신문 한 부를 읽는 거야. 근처 도서관에 가서 읽어도 돼. 신문을 처음부터 끝까지 읽으면서 좋은 소식을 모아 봐. 예를 들어 어떤 소년이 바다를 청소할 수 있는 기계를 발명했다는 기사 같은 게 좋은 소식이야. 정확히 무슨 기사를 찾아야 하는지도 모르는 상태니 쉽지 않을 거야. 네가 좋아하는 축구팀이 우승을 했다는 기사는 좋은 소식에 해당하지 않아. 너에게는 기쁜 소식이지만 다른 팀을 응원하는 사람들에게는 나쁜 소식일 테니 말이야. 모두에게 좋은 소식을 찾아야 해. 어떤 중환자가 기적처럼 완치된 소식, 난파선이 구조됐다든지, 문화재가 발견되었다든지, 포기 상태였던 어떤 나라가 회생했다는 그런 종류의 소식이 좋은 소식이야.

   좋은 소식은 어디엔가 숨어 있어. 네가 찾아내야 해!

   좋은 소식을 찾았으면 기사를 스크랩해서 날짜를 적자. 네가 산 신문이 아니라 도서관에서 본 것이라면 복사를 해도 돼. 그리고 주말에 최고의 신문 기사를 이 페이지에 마련된 활동 부분에 붙이자. 다른 기사들도 이 페이지에 끼워 놓고. 그럼 일이 잘 풀리지 않을 때 언제든 다시 읽어볼 수 있는 좋은 소식 수집 파일이 되는 거야.

   한 가지 더 도전하고 싶다면 한 달 동안 좋은 소식 목록을 만들어 보자. 날짜와 네가 읽은 신문의 이름과 기사 제목을 기재하고 어떤 내용인지도 적어 봐. 한 달쯤 계속하다 보면 낙심하고 있거나 세상 일이 걱정스러운 사람에게 보여줄 수 있는 멋진 스크랩북을 갖게 될 거야.

✅ 혁명 일지

네가 찾은 최고의 신문 기사를 여기에 붙여 보자.

혁명 능력 점수		혁명 준비
반기 들기	●●●	준비하는 데 오래 걸림
지구 보호하기	●●●	**혁명 기간**
솔선수범하기	●●●	일주일
절약하기	●●●	
정보 수집하기	●●●●●	

추천하는 책
『나는야 마법의 신문 기자』, 야다마 시로 글 그림

혁명 46

채식주의자로 살아 보기

우리가 먹는 고기나 햄을 만들기 위해 동물을 키우는 사육장에서 벌어지는 끔찍한 상황에 대한 이야기를 들어 본 적이 있지? 사람들이 무엇인가 잘못하고 있다는 것은 어느 정도 느끼고 있을 거야. 그런 의미에서 이번에는 채식주의자가 되어 보자. 한번쯤 도전해 보고 어떤 효과가 있는지 살펴보는 거야.

식습관을 완전히 바꾸라는 건 아니니 걱정 마. 이번 주가 지나도 엄마가 만든 소고기 미역국을 먹을 수도 있고, 아빠와 함께 햄 샌드위치를 마음껏 먹을 수도 있을 거야. 하지만 지금처럼 계속 고기와 생선을 먹으며 동물들이 고통 받게 내버려 두어서는 안 돼. 양심 없는 사육과 어업으로

173

환경을 파괴해서는 안 돼. 네가 이 점을 깨닫기를 바랄 뿐이야.

그리고 사실 고기를 너무 많이 먹으면 몸에도 좋지 않아.

한번 도전해 보자. 어렵지 않을 거야. 음식 중에는 채소를 이용한 요리도 많으니 말이야. 세계적으로 인정받은 우리 음식, 김치도 있잖아. 이제부터는 고기를 비롯해 고기로 만든 햄이나 햄버거, 만두, 육수 같은 음식을 모두 피해야 해. 생선과 생선을 재료로 만든 생선가스, 어묵도 먹지 않도록 해. 그 외의 모든 식품은 맛있는 식사의 재료로 마음껏 먹어도 좋아.

남은 음식이 뭐가 있냐고? 밥, 버섯, 두부를 비롯한 콩류, 과일과 채소 등이 있지. 육류로 섭취하지 못하는 단백질을 보충하는 데에는 콩이 도움이 될 거야.

최근 급식 메뉴에 채식 주간을 넣는 학교도 있어. 너도 학교에 건의해 봐. 채식 급식을 하는 학교를 예로 들고, 모둠 협조자들, 가족들과 함께 학교에 말해 봐. '무슨 채식주의냐. 이게 무슨 유행이냐.' 말하는 사람이 있어도 신경 쓰지 마. 채식은 유행이 아니라, 우리가 매일 할 수 있는 작은 일부터 시작해 지구를 바꾸기 위한 노력이야.

✓ 혁명 일지

채식 주간의 식단을 적어 보자.
주의 사항: 단백질은 우리 몸에 꼭 필요한 영양소인 만큼 콩으로 만든 음식을 메뉴에 꼭 포함시키도록 하자.

요일	아침	점심	저녁
월요일			
화요일			
수요일			
목요일			
금요일			
토요일			
일요일			

혁명 능력 점수 반기 들기 ●●●● 지구 보호하기 ●●●● 솔선수범하기 ●●●● 절약하기 ●●●● 정보 수집하기 ●●●●	**혁명 준비** 준비하는 데 오래 걸림 **혁명 기간** 일주일

추천하는 책
『고기를 먹지 않는다면?』, 세라 엘턴 글

혁명 47

신상품 사지 않기

그래, 쉽지 않은 거 잘 알아. 눈부신 쇼윈도 안에 있는 물건들은 하나같이 너무 아름답고, 새롭고, 매력적이야. 하지만 가격이 터무니없이 비싼 경우가 많아. 가격이 비싼데도 마음을 빼앗겨 사게 되는 무의식적인 과정을 변화시키기 위해 어떻게 하면 좋을까? 방법이 있어. 거부하는 거야. 안 사는 거야. 할 수 있어.

이번 혁명은 한 달 동안 신상품을 사지 않는 거야. 물론 먹거리는 예외야. 책이나 비디오게임, 옷은 사면 안 돼. 새것이 아닌 중고품은 사도 좋아. 사고 싶은 물건은 중고를 구입해 봐. 멋진 보물에게 새로운 생명을 줄 수 있고 돈도 절약되니 즐거운 마음으로 임할 수 있을 거야.

중고 서점을 찾으러 가는 일은 정말 즐거워. 시내에 나가면 헌책을 쌓아 놓고 단돈 천 원에 파는 곳도 무척 많아. 관심만 조금 기울이면 적은 돈으로 희귀 서적을 얻는 최고의 거래를 할 수 있어.

비디오 게임의 경우 모둠 친구들과 함께 비디오 게임이나 만화 관련 박람회를 방문해 봐. 게임이나 만화 속 등장인물로 분장한 사람들을 비롯해 재미있는 행사를 구경할 수 있을 거야. 중고 게임과 고전 게임, 희귀 게임을 살 수 있는 부스도 많아.

옷에 대한 이야기는 생략할게. 다만 언니나 오빠의 옷보다 더 좋은 중고 옷은 찾기 힘들 거야. 언니나 오빠, 친구가 입지 않고 묵혀 둔 옷을 한번 살펴봐. 네가 언니, 오빠들이 입던 옷을 교환하거나 구입하겠다고 하면 부모님도 딱히 반대하시지 않을 거야. 벼룩시장이나 중고 전시회, 가판대, 빈티지 상점 같은 곳이 있으니 눈을 크게 뜨고 잘 찾아봐.

새로운 물건 없이 한 달을 살아 본 경험을 친구들에게도 알려 줘. 친구들도 한번 해 보고 싶어할 지도 몰라.

✓ 혁명 일지

이번 달에 구입한 물건을 적어 보자.

구입한 물건	구입처	가격
1	....	....
2	....	....
3	....	....
4	....	....
5	....	....

혁명 능력 점수
- 반기 들기 ●●●●
- 지구 보호하기 ●●●●
- 솔선수범하기 ●●●●
- 절약하기 ●●●●●
- 정보 수집하기 ●●●

혁명 준비
별로 어렵지 않음

혁명 기간
한 달

추천하는 영화
〈캐스트 어웨이〉, 로버트 저메키스 감독

혁명 48

남녀 구분 없애기

남자나 여자 모두 평등하지만 제각각 다르게 만들어져 있어. 그건 정말 멋진 일이야. 하지만 37번 혁명에서 이야기했던 것처럼, 이 사회는 우리가 아주 어릴 때부터 남자아이들은 공룡 놀이를 하고 여자아이들은 찻잔 세트를 갖고 놀게 하는 것과 같은 성별에 따른 전형적인 행동을 하게 길러져 왔어.

이건 분명 잘못된 일이야. 성별과 상관없이 사람마다 좋아하는 것은 있기 마련이거든. 예를 들자면 영국에서 쥐라기 시대 해양 화석을 수집하고 발표한 학자는 메리 애닝이라는 여성이야. 메리 애닝은 화석 전문가였지만 정식 교육을 받지 않은 하층계급 여성이라는 이유로 처음에는 영국 지질학회에 가입할 수 없었어. 죽기 몇 달 전에야 명예회원으로 이름을 올릴 수 있었지. 200년도 넘게 시간이 흘렀으니 이제는 성별에 상관없이 좋아하는 일을 할 수 있는 세상을 만들어야겠지?

그럼 이제 남여 구분 없이 함께하기 혁명을 시작해 보자. 우선 혁명가 모둠을 살펴볼까? 모둠 구성원 중 남학생과 여학생은 각각 몇 명이야? 남학생 또는 여학생만으로 구성되어 있어? 그렇다면 유감이야. 모둠의 협조자 중에는 남학생과 여학생 모두 존재하는 게 더 바람직하거든. 성별과 상관없이 좋아하는 것은 같을 수 있기 때문이야. 남자와 여자가 모두 존재해야 균형이 맞는 거지.

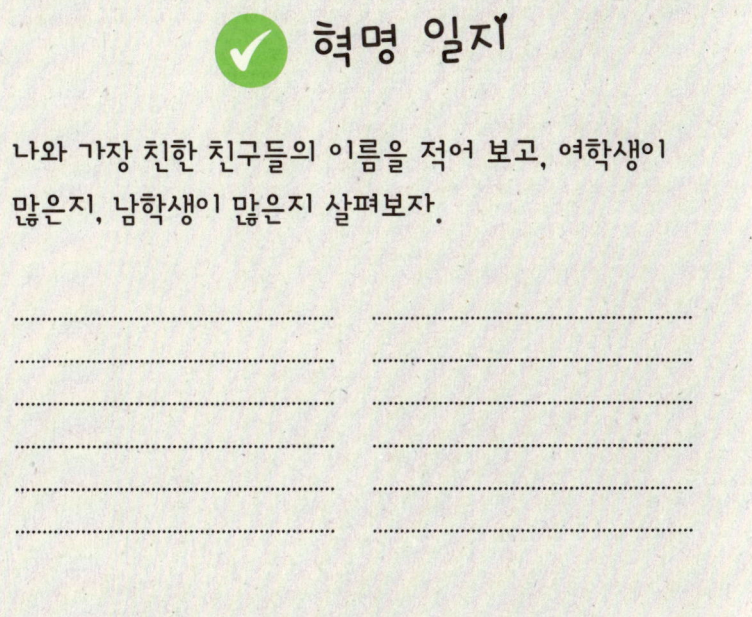

✅ 혁명 일지

나와 가장 친한 친구들의 이름을 적어 보고, 여학생이 많은지, 남학생이 많은지 살펴보자.

혁명 능력 점수
반기 들기　●●●●
지구 보호하기　●●●
솔선수범하기　●●●
절약하기　●●
정보 수집하기　●●●●

혁명 준비
준비하는 데 오래 걸림

혁명 기간
행동이 바뀔 때까지

추천하는 책
『여자와 남자는 같아요』, 플란텔 팀 글, 루시 구티에레스 그림

혁명 49

외계인의 눈으로 세상 관찰하기

이번 혁명은 꽤 재미있을 거야. 환상적이라고도 할 수 있지. 네가 평소와 다른 관점에서 사물을 볼 수 있게 해 줄 혁명이야. 네가 지구에 불시착한 외계인이 되었다고 상상해 보자. 인간에 대해 전혀 아는 것이 없어서 주위 모든 것을 호기심 가득한 눈으로 관찰하는 존재가 되어 봐. 그 어떤 것도 당연하다고 생각하지 말고 새로운 눈으로 바라보는 거야. 사람들이 어떤 행동을 할 때 그 이유를 이해하려 노력해 봐. 아마 세상 일이 일어나는 진정한 이유를 깨닫고, 사람들이 말하지 않는 일까지 이유를 깨닫게 될 거야.

사람들의 행동이 서로 어떤 연관성이 있는지 생각해 보자. 왜 이 일이 먼저 일어나고 저 일이 나중에 일어나는지 생각해 보는 거야. 인간의 모든 행동은 시간의 흐름 속에서 진화했어. 예를 들어 길을 걸을 때 처음에는 발뒤꿈치에, 그 다음에는 발끝에 힘을 주며 걸어. 이런 식으로 걸어야 처음에는 튼튼한 부분인 발뒤꿈치로부터 발가락으로 체중을 옮겨 실으면서 안정감이 생기기 때문이야. 발가락의 경우 관절이 나뉘어 있고 여러 위치로 움직일 수 있어서 우리가 땅 위에서 다양한 자세를 취하도록 조절해 줘. 덕분에 어떤 장애물을 만났을 때 금방 자세를 바로잡을 수 있지. 어때? 지금까지 생각해 보지 못했던 것들이 보이기 시작하는 것 같지?

영화 〈스타워즈〉에서 스승 요다가 루크 스카이워커에게 '배운 것을 잊어버려야 한다'고 말하는 부분이 있어. 너도 지금껏 알고 있던 것들에 의존해선 안 돼. 오빠나 언니, 동생이 책상을 정리하는 모습을 보고 왜 그런 행동을 하는지 생각해 보자. 어머니가 텔레비전 채널을 돌릴 때 하는 행동을 관찰하고 리모컨이 어떻게 작동하는지 살펴봐.

혁명가 친구에게 부탁해서 영상도 찍자. 아빠가 주방에서 샌드위치를 만드는 모습처럼 단순한 장면을 촬영해도 괜찮아. 영상을 돌려 보면서 아빠의 모든 행동을 관찰하고, 그 행동의 이유를 알아보는 게 중요해. 왜 이 행동이 아닌 저 행동을 하는 건지 답을 찾았다면, 새로운 눈으로 세상을 바라보는 방법도 깨우친 거라고 할 수 있어. 이런 깨우침은 모든 혁명가가 반드시 갖춰야 할 소양을 쌓는 데에도 도움이 돼. 어떤 소양이냐고? 겉으로 보이는 것만 보지 않고 스스로에게 언제나 새로운 질문을 던지고, 주위를 둘러 싼 모든 것을 직접 생각해 보려 하는 소양이야.

✓ 혁명 일지

집에 있는 물건 중 다섯 가지를 골라 그 물건의 이름이 가진 뜻을 생각해 보자.

물건	설명
1	....
2	....
3	....
4	....
5	....

혁명 능력 점수
반기 들기 ●●●
지구 보호하기 ●●●
솔선수범하기 ●●●
절약하기 ●●●
정보 수집하기 ●●●●●

혁명 준비
별로 어렵지 않음

혁명 기간
한 번

추천하는 영화
〈이티(ET)〉, 스티븐 스필버그 감독

혁명 50

싫다고 하지 않기

우리는 종종 어떤 일을 하기 싫을 때가 있어. 모두를 만족시키고 싶지만 그럴 수 없어서 난처할 때도 있어. 하기 싫다, 못하겠다고 말하는 게 잘못하는 건 아닌데, 거절을 하면 상대방이 안 좋아하거나 친절해 보이지 않을 것 같아 고민하지. 문제의 본질은 좋다거나 싫다고 말하는 게 아니라는 거 알겠지? 좋을 때는 좋다고, 싫을 때는 싫다고 말하는 게 쉽지 않은 일이라는 걸 생각해 볼 필요가 있어. 그래서 우리의 마지막 혁명은 하루 동안 '싫다'는 말을 하지 않고 보내기로 정했어. 혁명을 완수하고 나면 넌 싫다고 말하는 법, 좋다고 말하는 법을 알게 될 거야. 네가 무조건 좋다고 하거나 반대로 싫다고만 했던 아이라면 이번 혁명이 더더욱 멋진 도전이 될 거야.

안 된다는 말에는 단지 거절이나 거부의 의미만 담겨 있지 않아. 자신의 의지를 확인하고 자신의 권리를 보호하겠다는 의미도 담겨 있지. 우리가 정말 좋다 싫다를 말할 수 있는 능력을 갖췄는지 알아볼까? 이번 미션을 시작해 봐. 그럼 알게 될 거야.

잠에서 깨어나 다시 잠자리에 들 때까지 너는 싫다는 말을 쓰면 안 돼. 영어로 'No!'라고 말하거나 고개를 저어서도 안 돼. 그리고 이 혁명은 반드시 학교에 등교하는 날 실행해야 해. 그래야 더 효과적이야.

물론 예외는 있어. 심술궂은 친구가 네가 이런 혁명을 하고 있다는 것을 알고 곤란한 질문을 하는 경우에는 잠시 혁명을 중단할 수 있어. 예를 들어 '네가 가진 돈을 내게 다 줄 수 있어?' 같은 질문을 할 때는 좋다고 대답하면 안 되겠지? 대신 이런 비상 상황이 끝나면 다시 혁명을 이어가야 해.

싫다는 말을 못한다고 자동으로 좋다는 말이 나오는 건 아니야. 곤란한 상황에 놓이지 않고도 거절하는 방법, 하고 싶지 않은 일을 하지 않을 방법을 찾을 수 있어. 하지만 그 외의 경우에는 아마 대부분 받아들여야 할 거야. 누군가 너에게 자진해서 수학 시험을 볼 것인지 묻거나, 브로콜리를 한 접시 푸짐하게 먹어 보겠냐고 물을 때, 너는 선택의 여지가 없어. 승낙해야 해.

그럼 행운을 빌어. 그리고 이것으로 혁명은 끝이 났어. 그동안 수고했어!

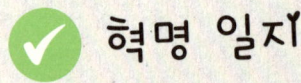 혁명 일지

사람들이 했던 질문 중 가장 난처했던 다섯 가지를 적어 보자.

1 ....
2 ....
3 ....
4 ....
5 ....

혁명 능력 점수
반기 들기 ●●●●●
지구 보호하기 ●
솔선수범하기 ●
절약하기 ●●●●
정보 수집하기 ●

혁명 준비
별로 어렵지 않음

혁명 기간
한 번

추천하는 책
『퍼펙트 아이돌 클럽』, 신지영 글

너는 어떤 혁명가야?

너는 이 책을 읽고 지금껏 생각만 했거나 말만 했던 일을 행동으로 옮겨 봤을 테지. 그러면서 너는 작은 혁명을 하는 법을 배웠어. 사실 쉽지 않은 혁명들이었어. 어떤 혁명은 효과가 있었겠지만, 어떤 것은 효과가 없었을 수 있어. 어떤 혁명은 너 혼자, 어떤 혁명은 친구들과 함께 해냈을 거야. 어느 정도 상처를 입을 만한 일들도 있었을 거야. 어쩌면 예상보다 더 큰 상처를 입었을 수도 있어. 하지만 그런 상처는 어떤 일을 잘 하고 싶은 사람이 지불해야 하는 대가 같은 거야. 몇 가지 혁명을 할 때는 마음에 들지 않아 화도 났을 거야. 다른 사람들이 협조해 주지 않는 경우도 있었을 테지. 그럴 수 있어. 그렇지만 아직 깨달아야 할 것이 무척 많으니 혁명이 모두 끝났다고 하기에는 좀 이른 감이 있어.

주변을 변화시키다 보면 너 스스로도 변화하기 마련이야.

너는 이제 사람들과 다른 방식으로 행동하는 법을 알았고, 다른 사람들도 너처럼 행동하도록 설득하는 법도 알았으니, 정당한 일이라면 멈추지 않고 계속할 수도 있을 거야.

그리고 너는 아무도 하지 않는 일을 앞장서서 할 줄도 알게 됐을 거야. 바라던 대로 일이 이루어지지 않아 마음이 상하고 외로워도 포기하지 마. 정당한 방식으로 하던 일을 계속해.

네가 이루어낸 혁명들을 확인하고 다섯 종류로 구분한 혁명 점수를 합산해 봐. 그리고 다음 장에 소개한 실제 혁명가들에 대한 짧은 이야기도 읽어 봐. 혁명가들 중 누구와 가장 비슷한지도 살펴봐.

네가 '반기 들기'에서 가장 높은 점수를 얻었다면……

너는 시민권 운동가인 **로사 파크스** 같은 인물이 될 수 있을 거야. 로사 파크스는 1955년 버스에서 백인에게 자리 양보를 거절한 사람이야. 당시만 해도 버스에서 백인이 서 있을 경우 흑인이 자리에 앉아 있을 수 없었거든. 로사 파크스가 자리를 양보하지 않은 사건이 벌어진 날부터 그 지역 흑인 사회 전체에서 대대적인 대중교통 승차 거부를 시작했고, 이것이 미국 시민권 운동의 기초가 되었어.

비슷한 다른 예로, 인종 차별을 반대해 27년간 감옥에서 지낸 뒤 남아프리카 최초로 흑인 대통령이 된 **넬슨 만델라** 같은 인물이 될 수 있을 거야.

네가 '지구 보호하기'에서 가장 높은 점수를 얻었다면……

너는 그린피스의 공동 창립자 중 한 명으로 환경을 지키기 위한 외로운 투쟁을 계속하기 위해 재단을 떠난 **레미 파르망티에**처럼 모험으로 가득한 인생을 살 수 있을 거야.

아니면 반다나 시바의 뒤를 이을 수도 있을 것 같네. **반다나 시바**는 인도 출신의 매우 활동적인 환경 운동가로, 씨앗과 식물 특허권을 위해 투쟁하고 세계적인

생명 공학과 유전 공학 연구에 깊은 관심을 가져 노벨상에 버금가는 상인 '바른 삶 상'을 수상했어.

네가 '솔선수범하기'에서 가장 높은 점수를 얻었다면……

너는 의사이자 작가인 **장 크리스토프 뤼팽** 같은 열정적인 삶을 살 수 있을 거야. 장 크리스토프 뤼팽은 의사가 된 뒤에 에티오피아로 가서 인도주의 활동에 뛰어들었는데, 7년 뒤 '국경 없는 의사회'를 설립하고 이 단체의 정신을 그대로 담은 멋진 책을 썼어.

아니면 150년 전에 폴란드에서 태어난 여성 과학자로, 노벨상을 두 번이나 수상한 마리 퀴리 같은 인물이 될 수도 있을 거야. **마리 퀴리**는 혁명적인 연구를 이루어내고 윗사람들의 반대에 아랑곳하지 않고 사람들을 돕기 위해 1차 세계 대전 중 전장에서 다친 사람들을 치료할 이동식 방사선 장치를 만들었어.

네가 '절약하기'에서 가장 높은 점수를 얻었다면……

너는 미래의 **나오미 클라인**이 될 수도 있겠어. 나오미 클라인은 브랜드와 상표의 과도한 힘에 반기를 드는 내용의 『슈퍼 브랜드의 불편한 진실: 세상을 지배하는 브랜드 뒤편에는 무엇이 존재하는가』라는 책으로 유명 작가가 되었어. 이후에도 그와 비슷한 내용

의 책과 기사, 다큐멘터리를 쓰면서 투쟁을 계속하고 있지. 2016년에는 기후 변화와 관련된 공로를 인정받아 시드니 평화상을 수상하기도 했어.

아니면 프랑스의 경제학자이자 철학자인 **세르주 라투슈**처럼 살 수도 있을 거야. 그는 처음으로 덜 사고 덜 쓰는 삶, 우리 집 냉장고나 장롱에 들어가기까지 지구를 반 바퀴 넘게 돌아야 하는 상품이 아닌 지역 상품을 사용하는 소비 생활을 제안했어. 세상을 돌아다니는 건 물건이 아닌 우리 자신이어야겠지.

네가 '정보 수집과 정보 전달'에서 가장 높은 점수를 얻었다면……

너는 제 2의 넬리 블리가 될 수 있을 거야. **넬리 블리**는 맨하튼의 여성 정신병원의 상황에 대한 기사를 쓰려고 일부러 미친 척을 하면서 병원에 들어가 기사를 써낸 기자야. 거기서 끝이 아니라 72일 동안 세계를 돌면서 세상 모든 사람들에게 도전장을 내밀었지.

아니면 유명 다큐멘터리의 감독인 **모건 스펄록** 같은 인물이 될 수도 있어. 모건 스펄록 감독의 〈슈퍼사이즈 미〉는 우리가 비만의 주범이자 건강에 좋지 않은 햄버거나 치킨, 감자튀김을 자주 먹으면서도 우리 몸에 어떤 영향을 미치는지 아는 바가 없다는 점을 깨닫게 한 최초의 작품이었어.

네가 어떤 분야에서 최고점을 받았든 이 책의 혁명들을 통해 적어도 이 한 가지, '팔짱을 끼고 가만히 보고만 있어서는 안 된다'는 점은 배웠을 것이라 생각해. 이 세상이 소파처럼 안락하지만은 않다는 것도, 우리에게 필요한 것이 텔레비전 리모컨이나 게임 컨트롤러뿐이 아니라는 것도 알게 되었을 거야. 소파와 텔레비전, 게임이 무조건 나쁘다는 건 아니야. 다만 그런 것들과 완전히 다른 것도 있고, 즐겁고 유익하다는 거지. 네가 아직 모르는 것들, 네 손을 직접 더럽혀 가며 해야 하는 일들, 수없는 의문을 던져야 하는 일도 즐길 줄 알아야 해. 그리고 그런 일을 하고 나면 스스로가 자랑스러울 거야. 그런 일을 통해 우리가 사는 세상이 조금은 더 나아졌을 테니까.

네가 앞으로 이루어갈 혁명들을 기대할게.
길에서 만나는 사람들에게 반갑게 인사하는 거
잊지 말고!

피에르도메니코와 페데리코

옮긴이

김현주

번역가 김현주는 한국외국어대학교 이태리어과를 졸업하고, 이탈리아 페루지아 국립대학과 피렌체 국립대학 언어 과정을 마쳤다. EBS의 교육방송 일요시네마 및 세계 명화를 번역하고 있으며, 현재 번역 에이전시 엔터스코리아에서 전문 번역가로 활동하고 있다. 옮긴 책으로는 『갈릴레오 망원경으로 우주의 문을 열다』, 『다윈 우리는 어디에서 왔을까?』, 『아인슈타인, 호기심은 나의 힘』, 『세상의 중심, 16살 인생에게』, 『진짜과학 VS 가짜과학』, 『교육, 행복을 만드는 마법의 도구』, 『학교 울렁증』, 『기술의 영혼』 등 다수가 있다.

세상을 바꾸는 50가지 작은 혁명

1판 1쇄 발행 2019년 1월 30일
1판 3쇄 발행 2020년 11월 5일

글쓴이 피에르도메니코 바칼라리오, 페데리코 타디아
그린이 안톤지오나타 페라리
옮긴이 김현주
펴낸이 손기주

인쇄 길훈 씨앤피
세무 세무법인 세강

펴낸곳 썬더버드
등록 2014년 9월 26일 제 2014-000010호
주소 경기도 의왕시 정우길47. 2층
ISBN 979-11-963620-6-5 73530
전화 031 348 2807 **팩스** 02 6442 2807

값은 뒤표지에 있습니다. 잘못된 책은 구입하신 곳에서 바꾸어 드립니다.
썬더키즈는 썬더버드의 아동서 출판브랜드입니다.

썬더버드는 필자의 투고를 언제나 환영합니다.
이메일 tbbook3@gmail.com